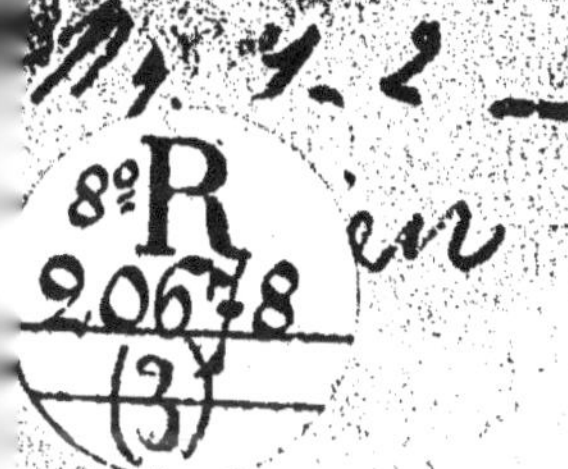



# De l'Origine de la Vie

## en face de l'athéisme officiel

---

TROISIÈME ÉTUDE

*EN FAVEUR DE NOS ENFANTS*

**Sans oublier Louis et Marcel B. de L.**

*Chemillé, 1904.*

**Prière de passer aux amis**

F. RIBOURG.

# De l'Origine de la Vie

## devant l'athéisme officiel



---

**TROISIÈME ÉTUDE**

*EN FAVEUR DE NOS ENFANTS*

**Sans oublier Louis et Marcel B. de L.**

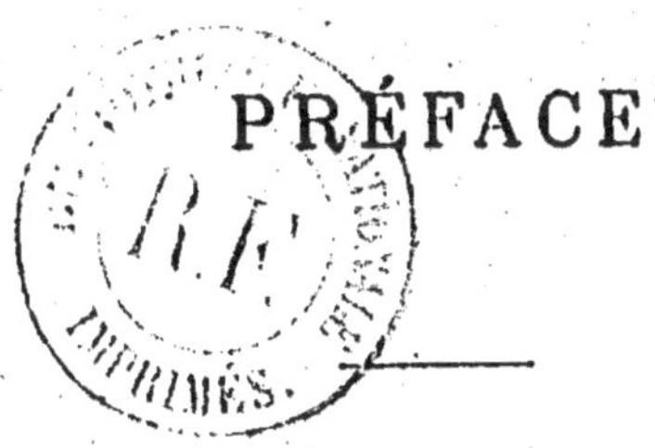

# PRÉFACE

La nature vivante doit son origine aux infiniment petits qui n'ont pas eu de commencement et elle s'est développée par évolution et transformation, pour arriver peu à peu à la diversité infinie des êtres jusqu'au perfectionnement de chaque espèce. Ces merveilleux changements ont marché d'eux-mêmes, sans l'aide d'un créateur et directeur qui, n'ayant rien fait, est inutile et même n'existe pas. Tels sont le fondement et la conclusion de la science moderne qui sévit seule et exclusivement dans l'enseignement officiel de notre pays. Comme conséquences fatales : persécution religieuse, Dieu hors la loi, retrait de la liberté d'enseignement.

Il est du devoir de chacun de combattre, suivant ses forces, une doctrine dépourvue de preuves, qui se popularise au point que l'homme éduqué, comme le public ignorant, se demande désormais si elle n'est pas vraie !

Pour être lu de nos jours, il faut faire le moins de science possible, s'adresser sans doute à la raison, mais surtout à l'âme humaine, à son bon sens simple et droit, à son amour du vrai.

Je regrette de ne pouvoir donner à cet essai l'attrait si séduisant des publications courantes; le temps est bien moins aux discussions qu'aux peintures délassantes; mais, si on lit beaucoup, convenez qu'on trouve bien peu à retenir. Je ne m'adresse pas à ceux qu'il faut amuser, assez d'autres s'en chargent; je ferai le possible pour intéresser les lecteurs sérieux. Je ne puis compter, et pour cause, sur un vrai succès d'auteur. Aussi, je ne fais tirer qu'un nombre restreint d'exemplaires de cet opuscule que j'ai l'honneur d'offrir aux personnes éclairées et, en particulier, aux membres de l'enseignement primaire instruits et amis de la vérité.

Vous savez ce vers latin :

*Sed vos non vobis.....*

autrement dit en mauvaise prose :

C'est vous, ô mes abeilles, qui faites le miel, d'autres en profitent.

Je suis un de ces *autres.*

J'ai butiné de côté et d'autre; au lieu de ne vous servir que des preuves inédites, j'ai emprunté à des auteurs de grande valeur quelques-uns de leurs meilleurs arguments; je me suis même permis de leur prendre plus d'une page entière, trop belle pour y changer un mot, au risque de passer pour plagiaire. Ils me le pardonneront, si je tire bon parti de leurs pensées, pour une cause qu'ils ont défendue avec bien plus de talent que ne le fait, hélas! leur sincère admirateur.

# DE L'ORIGINE DE LA VIE

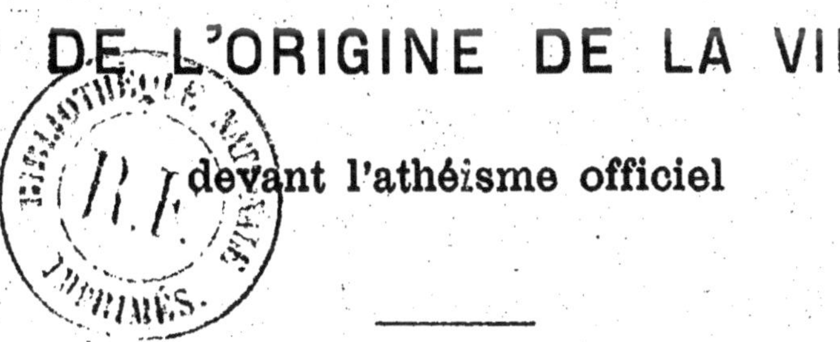

## devant l'athéisme officiel

---

*Quid est veritas?* (Saint Jean, ch. XVIII, ℣ 38.)

Qu'est-ce que la vérité? a dit Pilate.

Voilà où, dix-neuf siècles après, aboutit la science moderne sur *l'origine de la vie.*

On lisait dans la *Revue de l'enseignement*, numéro du 1er novembre 1903 :

« L'homme descend du singe, ou d'un certain singe? « Mais ce n'est rien encore. L'homme descend en réalité « de tous les vertébrés essentiels de la série, ce n'est « rien encore. L'homme descend de la cellule, du proto- « plasma (matière élémentaire), de la matière-force, de « l'atome, de l'éther... »

Mais notre ancêtre, le protoplasma, d'où vient-il? Qui a donné la vie à la matière-force, à l'atome, à l'éther? — Si le principe premier n'avait pas la vie, comment a-t-il pu la communiquer?

Mystère!

Nous en parlerons.

Mais impossible de laisser passer ce mot tout nouveau : *matière-force*.

D'après la physique classique, la matière est inerte — force veut dire énergie. — Va-t-on dire maintenant que l'inerte matière est énergique ?

Ce qui est vrai, c'est que l'être visible, homme ou animal, est une matière plus une force ajoutée à la matière et qui en diffère absolument. Appelez cette force principe vital, archée, âme, n'importe. Que ce principe immatériel disparaisse, il reste la matière seule, inerte, morte, sans une force quelconque qui la réveille. — Quand on est une Revue pédagogique pour le corps enseignant et pour nos pauvres enfants, on devrait savoir ce qu'on dit.

Et puis, quel étonnement pour nos enfants d'apprendre qu'ils descendent d'un quadrumane ! — O esthètes, mes amis, est-il sur terre une bête plus laide, plus grimaçante, plus sordide, plus sotte et plus malfaisante que le singe ? — Pour sûr, l'ennemi moqueur de l'homme, satan, car c'est lui qui lui a soufflé cette énormité, doit bien rire de la fausse science.

---

# Pourquoi la nature ordonnée, animée et vivante?

*Trois réponses :*

Première réponse théologique : parce que Dieu l'a voulue, l'a faite et la maintient;

Deuxième réponse métaphysique : pour des raisons primordiales, au-dessus du monde sensible et *voulues*; il y a là des ressorts secrets, vrais, mais indécouvrables;

Troisième réponse matérialiste, dite scientifique : il n'y a là ni volonté, ni ressorts secrets *(deus ex machina)*, il y a ce qu'il y a!

Exemple : pourquoi la terre se meut-elle autour du soleil?

1° Parce qu'une Divinité la met en mouvement et la dirige;

2° Parce qu'elle reçoit d'une volonté supra-naturelle inconnue l'impulsion en vertu de laquelle elle se meut et tourne;

3° Parce qu'elle obéit à des lois nécessaires fatales et éternelles.

Evidemment que l'eau, l'herbe, l'animal, etc. provoquent des réponses analogues.

La première réponse est celle de toutes les religions et de tous les temps; elle est intuitive, solidement fondée sur la tradition, sur la raison et sur la conscience humaine;

La seconde réponse (métaphysique) est celle des savants, qui toujours et jusqu'au milieu du XIX<sup></sup>e siècle ont cherché autour d'eux et dans les lumières de la raison les principes des choses *(rerum conditarum)* et ne les ont jamais nettement définis. Pour eux ces causes sont abstraites, sont au sommet de la science qui raisonne, mais intangibles. Ils les relèguent dans l'empire des idées pures; mais ils proclament hautement la nécessité de ces causes transcendantes, en avouant humblement l'impuissance où ils sont d'arracher à la nature, par le raisonnement et par l'expérience, ces secrets qui les passionnent et les condamnent à des travaux de titans.

La troisième réponse est celle de la philosophie et de la présomptueuse science modernes, qui ne lèvent haut la tête que depuis peut-être soixante-dix ans et qui prennent le nom barbare de positivisme, ou plus simplement de matérialisme. Cette réponse est : la terre tourne, bonnes gens, parce qu'elle tourne; il y a ce qu'il y a. — Tel est l'aboutissement suprême du matérialisme qui prétend aujourd'hui au monopole de la science, seule divinité peu gênante, qu'il honore et qu'il veut imposer au culte de l'ère nouvelle.

La première réponse est donnée par la Religion, le plus court chemin pour y arriver est la Genèse, l'Évangile et le catéchisme. Allez-y.

On trouve la deuxième réponse dans la métaphysique, dans le spiritualisme, par exemple dans le rationalisme de M. Cousin (1825-1850), qui n'était pas beau sous toutes ses faces. Son attitude à l'égard de la religion chrétienne ne lui attirait guère les sympathies des gens de bien, mais enfin les vérités les plus importantes de l'ordre naturel lui étaient chères. Il se plaisait à défendre les droits de l'âme, sa spiritualité, sa liberté, le dogme de l'existence de Dieu, celui de la vie future (éclectisme). — On peut bien dire que la philosophie spiritualiste est le commencement de la sagesse : on n'est pas un homme complet quand on n'a pas étudié la théodicée, la psychologie, la morale et la logique. — Son tort pour ne pas durer a été d'être le rationalisme; par là il a rendu inutiles ses efforts les plus généreux et les plus habiles;

c'est par là qu'il s'est étouffé lui-même en donnant naissance au monstre de philosophie positive qui l'a supplanté.

C'est vraiment le père de cette dernière philosophie qui a fait la troisième réponse. Disciple de Saint-Simon (1816), Auguste Comte lui emprunta ses goûts de réformateur. Mais surtout il inaugura, ou mieux, fit accepter dans son milieu la philosophie des *phénomènes :* rien d'acceptable comme vrai que ce qui tombe sous les sens.

Quelle est la définition la plus large de la philosophie ?

L'étude des principes et des causes. Ne sortons pas de là ; le champ à explorer en est vaste et il a été le théâtre de contradictions sans fin depuis que l'esprit humain raisonne et déraisonne.

Ma tâche aujourd'hui est de m'occuper du positivisme philosophique et de cette fausse science qui, en un demi-siècle, ont mis tant de cervelles à l'envers, ont rabaissé les caractères en éteignant tout idéal chez l'homme intelligent, lui ôtant toute espérance d'une vie meilleure, diminuant sa moralité par la négation de toute sanction du bien et du mal, de tout jugement au lendemain de la mort.

Son grand cheval de bataille est que : la nature possède tout par elle-même, matière, mouvement, formes, forces, *vie,* sans cause divine.

## Philosophie, Science

Nous avons à nous débattre contre deux sortes d'adversaires, mais qui se tiennent la main.

Tous à peu près ont occupé ou occupent les premiers postes dans l'enseignement officiel.

Les uns s'en prennent à l'homme, à son intelligence, à ses facultés, à la source de ses idées, à ses besoins moraux et à ses passions. Ils l'exaltent au point d'en faire le maître absolu et seul réel du monde. — Ce sont les oracles de la philosophie nouvelle.

Les autres sondent tous les secrets contenus dans la matière ; et ils étudient les lois qui la régissent, qu'ils proclament nécessaires et éternelles, immanentes à l'atome, à l'infiniment petit, point de départ tangible, certain et, pour quelques-uns, vivant de leurs divers travaux. — Ceux-là sont les maîtres les moins discutés en physique, chimie, mathématiques, etc. — Ce sont les savants, les maîtres de ce qu'on nomme tout court la *science*, qu'ils imposent au culte du monde intellectuel comme la seule idole désormais digne de nos hommages.

Ainsi donc des philosophes, des savants. Tous ces travailleurs, l'admiration du monde, ont fait faire dans l'ordre purement matériel des progrès énormes ; mais ils ne s'entendent guère entre eux; chacun a sa manière de voir, ses appréciations, ses découvertes particulières. C'est à qui fera du neuf, étonnera la galerie, renversera les théories plus ou moins risquées du confrère, etc. — Mais la plupart se tiennent la main sur un point : pas de créateur ! La conclusion qu'ils tirent de leurs longues et savantes études sont parfois tellement étranges qu'il nous est impossible de leur accorder le bénéfice d'une bonne foi parfaite. Tous en arrivent au rejet de la Divinité ; aucun ne prouve la non existence de Dieu ; et pourtant, malgré les démentis qu'ils s'infligent entre eux, ils persévèrent dans cette impiété colossale.

Et pourquoi ?

Pourquoi cette insurrection presque unanime des intellectuels du temps présent contre l'Auteur adorable des intelligences et des mondes ? N'en cherchons pas la raison en dehors de l'orgueil et d'une haine infernale, mais inavouée, contre le divin Sauveur, ami des humbles, consolateur des déshérités, docteur de la Science des Sciences par l'Esprit-Saint, dispensateur de la vraie lumière des esprits et des cœurs.

Bible, Evangile, Actes des Apôtres, tout enseignement théologique et même philosophie spiritualiste, arsenal démodé, vieilleries surannées pour les hauts et infaillibles révélateurs de la science moderne, seule émancipatrice de l'humanité !

Je voudrais prendre à part les philosophes, puis les savants ; mais ce n'est pas aisé, parce qu'ils empiètent les uns sur les autres.

Les philosophes du XIX^e^ siècle étudient l'homme et ses facultés, l'origine de ses facultés, les causes qui le placent au sommet du monde visible, mais sans s'élever plus haut.

Les savants se bornent à la matière aux forces et aux lois qui la régissent, la modifient à l'infini.

Mais, d'une part, les philosophes dédaignent la métaphysique et la spiritualité, pour ramener l'homme intelligent à ce qui affecte les sens, à l'ordre matériel, sans s'en prendre comme autrefois aux problèmes supérieurs de l'ordre intellectuel et moral.

D'autre part, les savants, au lieu de se renfermer dans les études si fécondes de la matière et de ses lois, envahissent les régions du monde intellectuel en lui donnant pour origine la matière, ou plutôt l'atome matériel.

En sorte que tout philosophe fait de la science naturelle et tout savant aborde la philosophie positiviste. Ce sont des touche à tout, aucun d'eux ne veut rester dans le rôle qu'il s'est choisi.

Comme a dit le poète :

*Homo sum, nil humani alienum mihi est.*

Je suis homme, et rien de ce qui regarde l'homme et la nature ne m'est étranger.

C'est un malheur de notre temps ; tout embrasser, c'est trop. C'est ce qui fait dire que désormais la philosophie et la science manquent de profondeur, de conscience et d'honnêteté.

C'est regrettable. Dans ces postes éminents de l'enseignement, médecine, droit, hautes études, ils oublient que leurs situations les font les docteurs responsables de toute la jeunesse distinguée : au lieu de la mettre et de la diriger dans le droit chemin, ils la détournent du vrai et la corrompent.

Avides de bruit et de nouveauté, ils se grisent de leurs découvertes, de leurs théories nouvelles ou rajeunies. Tous ceux qui s'en tiennent à l'ancienne doctrine, à une raison ferme, logique et sans compromis, et à la révélation, sont pour eux des rétrogrades, les adversaires de la vraie science.

Leur prétexte est l'émancipation intellectuelle de l'humanité; leur but, l'asservissement du faible et du désemparé au profit du faux savant.

J'ai dit qu'Auguste Comte (1798-1857) a été le fondateur de l'école matérialiste au XIXe siècle. La philosophie des phénomènes, A. Comte l'a développée dans d'énormes volumes que personne n'a plus le courage de lire. Elle n'est bien connue de notre temps que par les continuateurs du *maître*. Le maître (magister), telle est la dénomination octroyée à tout chef d'école, quelque absurde soit-elle. Pour en abuser on en abuse, mais cela fait toujours un certain effet.

Détail suggestif sur ce grand homme : dans le cours de ses longs travaux, A. Comte a été fou et enfermé deux fois. Sur la fin de sa laborieuse carrière, il a renvoyé sa femme, qui lui avait toujours témoigné un dévouement inlassable et avait bravement partagé les péripéties très accidentées de sa longue existence peu heureuse. De plus, il a couronné sa vie par la fondation d'une religion plutôt amusante, la religion naturelle, qui a duré juste autant que lui.

Les continuateurs de sa doctrine sont de trois nuances : ses adeptes, ses familiers et ses clients.

Les adeptes du maître étaient Littré, Laffitte, Stuart Mill, Taine, etc Ce sont les tombeurs du vieux rationalisme : les droits de l'âme, sa spiritualité, Dieu, principes de la raison et de la conscience, vieux jeu; des faits apparents, base unique de la connaissance.

Les familiers ont pris sur eux de reconstituer l'univers à l'aide de phénomènes. Les phénomènes sont comme les molécules, dont « la cristallisation bien dirigée » doit, suivant leurs espérances, produire l'être inorganique (mort) et les êtres organiques vivants à l'aide de phénomènes.....

Pourtant, si l'on considère que le phénomène est essentiellement apparence, qu'il est apparence par rapport à l'esprit, on comprendra que le problème de la construction de l'univers avec les phénomènes comme matériaux est avant tout un phénomène de psychologie, une simple abstraction, un rêve. — Les familiers psychologues sont les premiers penseurs du parti.

Les clients, savants et médecins, peut-être une cinquantaine, raisonnent sur les phénomènes, sans faire attention à la notion philosophique (au vrai sens) du phénomène. Ils ont des phénomènes particuliers plein les yeux, c'est l'objet constant de leurs études. Persuadés qu'il n'y a rien au delà, l'envie leur prend parfois de justifier cette conviction, c'est-à-dire d'expliquer l'univers sans Esprit et sans Dieu. Ils font à temps perdu de la cosmologie et, dans ce labeur sur le monde visible, ils sont matérialistes et athées. — Ce ne sont pas des philosophes; ils méprisent la philosophie, cette recherche rationnelle des grands principes; ils s'en tiennent à la science des choses sensibles qui a toutes leurs faveurs; ils en attendent la gloire; les autres leur font compassion. Eux sont les maîtres de tout savoir.

Repassons avec soin la doctrine de ces divers apôtres et émancipateurs de l'humanité régénérée et concluons.

Le but incontestable des novateurs scientistes du siècle

qui vient de finir est donc d'effacer du cœur de l'homme la foi en Dieu et en l'âme immortelle.

Pour l'homme de raisonnement qu'est-ce qui prouve le plus invinciblement ces deux dogmes sacrés ? La création avec l'ordre universel, l'esprit, la pensée, la vie. Ces messieurs, pour arriver à leurs fins, s'efforcent d'établir que ces grands faits indéniables, qu'on ne voit pas, sont produits par des lois fatales sans commencement et sans causes : cela est parce que cela est.

La philosophie nouvelle a aussi son axiome, plus hardi, plus radical : l'absolu c'est le relatif. Cette expression obscure, pour quiconque n'est pas initié aux considérations philosophiques, voile les traits de l'axiome en dissimulant sa monstruosité. Mais qu'on le presse un peu et on en fera sortir sans peine cette autre formule : ce qui est est ce qui n'est pas.

Victor Hugo, dont l'imagination trop vaste « empiétait sur le bon sens », n'a-t-il pas dit : le beau c'est le laid ! — On a dit que cette parole était monstrueuse ; mais cette autre : l'absolu est le relatif, la vaut bien.

Le positivisme, sous toutes ses formes, est certainement la conception la plus faible de l'esprit humain, il aspire au monopole de l'erreur. Les positivistes et quelques indépendants ont pris à tâche de détrôner la vraie philosophie. Ils prétendent représenter le dernier effort de l'esprit humain, leur doctrine en est la négation.

L'objet unique de la science du jour est ce qui peut être vu, entendu, flairé, touché; ses limites sont les limites de la matière. Il y a des lois ; pourquoi leur raison d'être ? — Ignorance complète : les choses sont ainsi parce qu'elles sont. Tout est relatif, pas d'absolu, négation de la cause, négation de l'absolu.

Par peur de la théologie et de la philosophie, le positivisme s'acharne contre la croyance aux causes et à la réalité, c'est-à-dire contre la vraie science. — « Sup-

« primez donc les verbes *actif* et *passif* et le modeste « verbe *être*, dont use l'humanité tout entière ! »

L'observation et l'induction constituent toute leur méthode fantasmagorique : le matérialisme ne veut pas voir la réalité sans l'analyser : comparer et expérimenter; en dehors de cela il n'y a pour lui qu'hypothèses, contradictions purement idéales, imaginaires. Il dit : c'est la substance corticale des hémisphères cérébraux, composés d'un nombre immense de cellules nerveuses, dont la propriété *irréductible* (mot creux), comme la gravitation pour les particules matérielles, est de transformer les sensations en perception. La sensibilité physique et l'intelligence sont une propriété irréductible de la substance nerveuse (Littré).

Littré. — Littré a découvert *l'immanence* de la vie dans la substance organisée, comme Newton avait découvert dans la gravitation l'immanence (continuité), dans la matière générale. Littré réduit le monde à la matière, qu'il ramène à trois propriétés générales : gravitation, vie, sensibilité; trois propriétés immanentes, irréductibles : âme, principe de vie, force immatérielle, tout cela est écarté par l'immanence. Les propriétés de la matière sont la matière elle-même, sans distinction aucune, à peu près comme le cercle est la même chose que l'espace fermé par la circonférence. La vie est une propriété de la matière, non une force ajoutée à la matière. — *Ipse dixit*, le maître a parlé, inclinez-vous.

Les cellules nerveuses de la périphérie corticale du cerveau seraient une *cause* qui, s'exerçant sur les sensations, produirait la pensée ou perception.

Comte a chassé les causes de la sphère de la réalité pour les reléguer dans les « fictions » de la métaphysique et de la théologie. Pour Littré, les phénomènes (apparences) succèdent aux phénomènes, sans autre lien qu'un lien de raison. Il n'y a qu'un ordre de succession, invariable sans doute; mais on ne sait pourquoi il est *irréductible*. Cet ordre c'est la *loi*. — Mais il y a loi, c'est-à-dire coïncidence, voilà tout, vibration du cerveau et acte intellectuel. — « Nous ne voulons pas expliquer ce « que la *science* (saluez!) ne peut et ne pourra expliquer. » Ceci est vrai, cela est faux, parce que tel est notre avis!

Littré est d'avis que chez l'homme tout se réduit à la gravitation, à la vie et à la pensée, et que ces trois choses (si différentes!) sont immanentes à la matière, c'est-à-dire n'ont pas d'autre *sujet* que la matière..... « il « est contraire à la science de chercher un autre *subs-* « *tratum*, ou une cause en dehors de la matière; car, « dit-il, *expérimentalement* on n'a jamais trouvé la gravi- « tation, l'affinité chimique, la vie isolées de la matière ».

Je le crois bien. Ces choses sont des forces; or les forces sont appliquées à la matière, à laquelle elles sont étrangères, par l'Auteur invisible de la nature, pour donner à l'univers toute son activité. Les forces sont des instruments indéfinissables pour nous, mais sensibles, palpables, évidentes de la volonté du Grand Maître, que vous vous obstinez à renier.

Notez bien : une force est toujours *au-dessous* de la puissance de celui qui la produit; or les forces de la nature sont immenses, incalculables, l'Auteur de ces forces est donc tout-puissant! — Une fourmi soulève-t-elle une tonne?

A propos de la force de gravitation, le grand Newton, sur qui s'appuie Littré, a dit : « La supposition d'une « gravitation innée, inhérente et essentielle à la matière, « tellement qu'un corps puisse agir sur un autre à dis- « tance et à travers le vide, sans *aucun intermédiaire* qui « propage de l'un à l'autre leur force et leur action réci- « proque, cette supposition, dis-je, est pour moi une si « grande absurdité, que je ne crois pas qu'un homme, « qui jouit d'une faculté ordinaire de méditer sur les « objets physiques, puisse jamais l'admettre. »

Ce qui était inadmissible du temps du grand mathématicien (1642-1727), l'admettrez-vous aujourd'hui?

M. Richard. — M. Richard dit aussi que les cellules cérébrales, par leur irritabilité, *transforment* les sensations (impressions des sens) en sentiments, en idées, et il ajoute : « On ignore absolument comment cela peut « arriver. » — Que le phénomène spirituel de la volition soit accompagné de certaines modifications du cerveau, qui le nie? Mais *identifier* la volition avec ces modifications, quelle absurdité! — Et la volonté, dit-il, cède toujours au motif le plus fort. — Mais que devient alors le libre arbitre?

Quelles seraient les raisons dernières des phénomènes qui nous sont accessibles? Les propriétés immanentes des choses : nombre, étendue, inertie, gravitation, propriétés lumineuses, caloriques, électriques, magnétiques, acoustiques, optique, affinité, irritabilité, évolution, voilà à peu près tout. Ni Dieu, ni âme, ni vie future ne relèvent de l'arithmétique, de la mécanique, etc., donc entités négligeables, fictions!.... .

Tiré du « catéchisme » de M. Richard : « Le libre arbitre, pouvoir d'obéir au motif le plus fort »; en sorte que celui qui aurait le pouvoir de ne pas obéir au motif le plus fort, par exemple à la passion la plus forte, ne serait pas libre. — « Il y a des choses qui échappent « toujours aux procédés de recherche et de vérification; « ainsi les questions d'origne et de fin, les causes pre« mières et les causes finales. » — C'est-à-dire l'existence de Dieu, de l'âme, de l'autre vie. — « Que trouve-t-on au « sommet de chaque science? Un fait général qui domine « tous les autres du même domaine, les expliquant, « étant lui-même inexplicable ou irréductible..... »

Le fait général irréductible, voilà l'essence du positivisme.

Les raisons dernières des phénomènes qui nous sont

inaccessibles, ce sont : « les propriétés immanentes des « choses, ou les faits irréductibles que présentent les « diverses sciences : nombre, étendue, etc., arithmétique, « géométrie, mécanique, astronomie, toute science natu« relle ».

C'est vrai. Mais, si la science ne peut vous donner la *source* de ces « raisons dernières », c'est qu'elle émane d'au delà de la nature, votre unique champ d'investigations. C'est que ces « propriétés immanentes des choses » ont été conçues, voulues, créées par le grand Maître invisible de la nature.

Voici un palais, vous n'en voulez pas proclamer l'architecte. Oserez-vous dire que les éléments qui le composent se sont agencés tout seuls pour éblouir vos regards ? Ce serait bien moins fort que de dire que la cause *efficiente* de tous vos « faits irréductibles » n'existe pas.

Les propriétés immanentes des choses, a dit M. Richard, sont les faits irréductibles (indéfinissables) de la science. Pourquoi ? Parce que, d'après M. Littré, on n'a jamais trouvé la gravitation, l'affinité chimique, la vie en dehors de la matière. Sans doute, mais les trouvez-vous dans la matière ? Vous savez bien qu'elles n'y sont pas à l'état permanent, que le caillou ne gravite pas ordinairement, qu'à l'état ordinaire il n'a d'affinité pour aucun autre corps, qu'il n'est pas en vie. Puisque ces forces ou propriétés ne sont pas inhérentes à la matière inerte, elles lui sont donc apportées. Si on ne trouve pas ces forces expérimentalement, comme dit M. Littré, pas plus ailleurs que dans la matière, c'est que les expériences les plus subtiles ne suffisent pas à cette découverte.

Ce qui fait dévoyer nos savants modernes, c'est qu'ils ne veulent s'en tenir qu'à la méthode expérimentale, au mépris de toute autre méthode. Mais qu'ils croient donc à la logique comme autrefois ; qu'ils se disent : ces forces ajoutées à la matière, d'une puissance incalculable et dirigées avec une science et une sagesse qui dépassent absolument l'intelligence humaine, ces forces invisibles, invariables, incorruptibles, partant immatérielles, sont *nécessairement* maniées, voulues par quelqu'un invisible sans doute, mais d'une puissance qui confond l'entendement humain.

C'est dur pour la science, mais c'est comme cela, parce que la logique ne veut pas qu'il y ait d'effet sans cause *proportionnelle*. Or, sans logique, l'homme n'est qu'un enfant, quoi qu'il prétende.

Ignorez-vous qu'une science ne donne que ce qu'elle peut ? Toute science a ses bornes délimitées par l'infirmité humaine. Aussi le savant sage confesse qu'il ne sait rien.

Les positivistes nous parlent sans cesse des lois de la nature ; mais que sont ces lois ? L'invariabilité de succession des phénomènes, pas autre chose. — Les ressemblances constantes qui lient les phénomènes entre eux et les successions constantes qui les unissent ensemble à titre d'antécédents et de conséquents sont ce qu'on appelle leurs lois. « Les lois des phénomènes sont tout ce que nous savons d'eux (1). » Ils feraient mieux d'en parler moins et d'en confesser l'Auteur.

Depuis trois quarts de siècle, les débats philosophiques les plus importants ont eu pour objet l'origine de la *vie* des êtres, de la sensibilité et de l'intelligence de l'homme. Et l'on s'est appliqué constamment à tirer ces grands faits de la nature matérielle visible.

Rien n'obscurcit la raison comme les préjugés scientifiques. Si ce vieil axiome d'histoire naturelle tient bon : *omne vivum ex ovo*, tout être vivant sort d'un germe ; cet autre : *omne ovum ex vivo*, tout germe vient du vivant, n'est pas moins indubitable. Mais on n'en veut plus.

Pourtant Darwin, un des plus savants de cette école de

(1) Stuart-Mill, *Sur Comte et le positivisme*.

malheur, reconnaît qu'au commencement la vie a eu une origine divine, qu'un premier germe est sorti vivant des mains du Créateur. Mais il a été le seul à faire cet aveu.

On dit que tout être vivant est réductible au microzyma, le microzyma, bulle de ferment, coagulation fortuite d'albumine à forme globulaire, dont l'origine se perdrait dans l'éternité. Ces microzymas seraient les matériaux dont se composent toutes les cellules des êtres vivants. Les microzymas, l'un des éléments de la craie sous-marine, ne seraient pas seulement les auxiliaires de la matière morte, ils seraient les débris de la vie même, la vie se continuant dans les éléments minéraux, quand l'organisme vivant qu'ils constituaient est entré en dissolution.

C'est une façon fantaisiste de donner au commencement de la vie sur terre une date indéfiniment éloignée. Alors pourquoi la création ?

Il est possible, dit M. Béchamp, de l'Université de Lille, que le microzyma aide à la première éclosion de la vie, provoque la fermentation indispensable au développement de la vie ; car la nature place autour de la première étincelle de la vie tout ce qui peut la conserver, la protéger, servir à son premier développement. C'est le secours extérieur pour que cette première étincelle jette son premier rayon, produise son premier acte vital. Ces êtres microscopiques semblent l'un des fondements du monde animé.

On pressent donc que ces petits organismes, dérivés du microzyma, ont autant d'aptitudes et de fonctions diverses qu'il y a d'espèces d'êtres. Cette aptitude à la diversité leur est forcément donnée par la vie qu'ils ont reçue. Le ferment ne peut être que la vie primordiale, développée à l'infini par l'Auteur de la nature. Il y a à choisir entre l'intervention divine et l'acte de cet atome d'albumine, toujours semblable à lui-même, qui pourtant produirait cette diversité infinie d'êtres. L'athée fait des efforts inouïs pour échapper au miracle de la création.

La vie est quelque chose de réel, de positif dans l'être; elle est quelque chose que la matière inorganique ne possède d'aucune façon; elle n'est pas l'évolution du règne minéral, elle est l'effet d'une cause supérieure à la nature.

La chimie a beau préparer des bains, des dissolutions, des mélanges composés des éléments minéraux qui entrent dans les tissus des êtres inorganiques et s'efforcer d'y entretenir les conditions convenables de calme, de lumière et de chaleur et l'œil armé du microscope épier l'apparition spontanée de la vie d'un amibe, d'une sporule, d'une cellule; peine perdue, pas la plus petite trace de vie; le milieu minéral reste obstinément stérile. Et à ce sujet M. Berthelot n'a rien prouvé contre les expériences lumineuses d'un Pasteur et d'un Tyndall. Seulement la vie tire d'un milieu minéral les éléments minéraux de l'organisme (sels, etc.).

La chimie forme par les seules forces de la matière inorganique des composés organiques comme l'alcool, le sucre de raisin, la chondrine, l'albumine, la fibrine, toutes les substances qui ne gardent rien de la nature inorganique, ne sont pas cristallisables, mais coagulables. Ce qui peut se faire dans un laboratoire peut évidemment se faire dans le laboratoire immense de la nature. La nature *organise* donc mais elle *n'anime* pas. Entre organiser et animer la distance est infinie. Les matérialistes n'en disent pas moins que les minéraux peuvent produire tous les composés organiques, que des êtres vivants naissent sans parents dans des préparations qui contiennent des composés analogues. C'est enlever au Créateur l'origine de la vie. — La nature, disent-ils, peut ce que l'homme peut. — Mais peut-elle faire un palais, un soulier? Le pouvoir attribué par les monistes au règne minéral de produire des composés organiques est une machine de guerre.

Oui, quand Dieu anima notre globe, jusque-là inerte, il tira d'un milieu minéral les éléments minéraux de l'organisme; il emprunta la matière des êtres vivants aux êtres déjà créés. Les organismes sortirent réellement des milieux inorganiques. Mais a-t-on vu la vie? — La vie et Dieu sont invisibles.

Dans le principe, et c'est tout, la vie organique n'a pu sortir d'un milieu inorganique, puisqu'au commencement le monde matériel était en fusion, c'est-à-dire à une température effroyable, impropre à toute vie.

Hæckel. — M. Hæckel, professeur d'Iéna, met un germe, un principe de vie dans la *monère*, dans son bathybius (dépôt au fond des mers). Mais le germe formé dans un milieu mort ne peut être qu'un germe mort, dans un milieu minéral ne peut être qu'un germe minéral. Tirer la vie d'un milieu minéral? il y a là la distance du néant à l'être. D'après le Dr Semper de Wurzbourg, et aussi dans les *Annales of natural history*, le fameux bathybius de Hæckel n'est que du gypse précipité, un mythe. Il ne diffère pas des composés chimiques. « C'est « dans les propriétés spéciales physico-chimiques du « carbone et des composés carbonés, albuminoïdes, « qu'il faut voir les causes mécaniques des mouvements « particuliers de sa monère, des diatomées et des rhizo- « podes. Ce mucus amorphe, dit Hæckel, ne diffère en « rien, dans sa constitution, du blanc d'œuf. » La cause de ces mouvements c'est la vie et la diversité de ses manifestations démontre qu'elle est spéciale dans les divers êtres vivants.

La couche superficielle de la terre est composée d'un véritable résidu de cadavres, que la vie a d'abord animés sous diverses formes, pour les abandonner et les reprendre ensuite. Mais, sous quelles conditions de vie se trouvait la prétendue monère de M. Hæckel? était-elle divisée en autant de parcelles qu'il devait exister d'êtres vivants, pour produire toute seule toutes les merveilles du monde vivant, plantes, animaux, homme?

La distance du monde inorganique (minéraux) à la monère vivante de M. Hæckel n'est pas insignifiante. — Il faut pourtant que ce savant et Darwin l'admettent comme la peinture exacte de la réalité. — Tout fait provient d'une cause qui le contient au moins équivalemment; autrement l'être pourrait jaillir *spontanément* avec ses quatre faits connus de tous : *vie, organisation, sensibilité, intelligence.*

*Vie.* — Si la vie n'a pu sortir des agents physico-chimiques sous la forme la plus infime (monère, protozyma, bathybius), en est-elle sortie dans sa forme la plus élevée quand elle devient la sensibilité, la raison? Les éléments chimiques même organisés peuvent-ils avoir la moindre lueur d'intelligence? etc.

*Sensibilité et organisation.* — Une seule cause est la raison suffisante du monde vivant, c'est une cause vivante, agissante, qui contient et surpasse infiniment toute sensibilité, c'est la bonté ou l'amour; la bonté est la fin de toute intelligence créée. Cette cause ne peut avoir simplement cette forme de sensibilité qui soumet les habitants de la terre à l'action des agents inférieurs (calorique, lumière, attraction, etc.). Elle est infiniment intelligente, infiniment parfaite, d'une beauté infinie. Cette cause est Dieu.

Oui, une seule cause est la raison suffisante, assez intelligente pour connaître tous les agents de la nature et le jeu de toutes les énergies, assez puissante pour mettre en harmonie les forces sans nombre de la matière et les propriétés spéciales des êtres vivants.

*Intelligence.* — Mais ne sent-on pas que les phénomènes de la vie matérielle de tous ces êtres reposent sur un fond qui ne peut supporter la moindre sensibilité, le moindre phénomène de conscience ? Même organisés, les éléments chimiques sont radicalement incapables de sentir et de comprendre. — Que peuvent-ils sous ce rapport dans l'état purement inorganique ? — Quant à la raison, faculté de l'absolu ou de l'infini, l'univers même ne peut la contenir.

C'est donc de Dieu seul que viennent ces quatre grands faits du monde organique : *vie, organisation, sensibilité, intelligence.*

Comme M. Hæckel fait autorité dans la science moderne, il serait dommage de passer sous silence la suite de ses raisonnements sur l'origine de la vie.

Il compare l'origine des formes des cristaux (corps inorganiques) à celle des individus organiques les plus simples et il n'y voit aucune différence importante, ni de forme, ni de structure, ni de force ; leurs différences réelles ne tiennent qu'à la nature spéciale du *carbone ;* ce qui fait, à son avis, qu'il n'y a entre la nature inorganique (minéraux) et la nature organique (plante, animal) aucun abîme infranchissable. Les deux natures contiennent du carbone en quantité, seulement sous une forme différente. La nature spéciale du carbone étant dans l'ordre purement inorganique, il s'ensuit que « le semblant de différence essentielle entre l'être vivant et le minéral disparaît tout à fait ! » — Cela vient à dire qu'un caillou et un colibri sont deux minéraux ou deux animaux, au choix. — « Comparez l'origine des formes des cristaux et celle des « individus organiques les plus simples, que vous cons- « taterez l'évidence de ces faits importants ».

La force formatrice interne, correspondant à l'hérédité chez les organismes, est, dans le cristal, l'effet immédiat de la constitution matérielle de la composition chimique. Cette force formatrice interne, intime, primitive, inhérente à la matière, dépend du mode spécifiquement déterminé, rencontre en face d'elle une autre force antagoniste. Cette force, cette tendance formatrice externe, nous pouvons l'appeler *l'adaptation*, aussi bien pour les cristaux que pour les organismes. Tout cristal, aussi bien que tout organisme, *doit se soumettre*, *s'adapter* aux conditions d'existence du monde extérieur. — Et voilà pourquoi votre fille est muette! — Si vous ne comprenez pas le savant professeur d'Iéna et ses belles phrases, vous n'êtes pas le seul.

Toutes ces petites bêtes, infusoires, etc., autant de microbes, naissent-ils spontanément? Pasteur et Tyndall en ont prouvé l'impossibilité. Hæckel a avoué même que par ses expériences « la science n'a *pu encore* enlever à la nature le secret de « la vie ».

Désormais il n'est pas un animal, une plante, qui ne soient parfaitement connus des savants : eh bien! Claude Bernard, libre-penseur, reconnait que la formation de tout organisme suit une direction *savante*, qui n'est imprimée ni par les lois de la chimie ni par celles de la physique. — Ces quatre grands faits de la vie organique : organisation, vie, etc., n'ont pu apparaître d'eux-mêmes sans une cause qui les précède, les contienne, leur donne d'exister. Ils sont un signe éclatant, éblouissant de l'existence de Dieu. L'évolution darwinienne ne serait qu'un moindre degré de l'être; il n'arriverait jamais à l'existence sans que la *source* de l'être ne l'épanche au dehors. Une science étourdie peut seule ne pas le voir.

Hæckel « n'a pas encore enlevé à la nature le secret de la vie »; il n'en dit pas moins que sa monère et son prétendu bathybius sont des organismes sans organisation et, de plus, vivants. Sous le rapport de la structure, ils ne diffèrent pas de la matière inorganique. Donc les organismes vivants (infusoires, etc.) peuvent *naître* d'eux-mêmes dans un milieu purement minéral, tel que l'offrit notre globe à l'origine (qu'en peut-on savoir?). Ce dernier point *admis*, Hæckel se fait fort d'en tirer toutes les variétés végétales et animales. — C'est Darwin qui admet un unique principe de vie au commencement;

c'est la génération spontanée continuée et diversifiée à l'infini par le transformisme.

En dépit de ce fatras prétendu scientifique, j'aime mieux être l'enfant du saint patriarche Adam et d'Ève, la merveille des merveilles de la création visible, de ce type divin de beauté et de bonté parfaites, que le descendant du singe obscène de Darwin et consorts ou du microbe ridicule de Hæckel, même par le miracle de l'évolution.

Dites donc sans rire que le « combat pour l'existence » force une vigne à devenir un poirier ou un chêne?

D'après M. Bechamp, certains microzymas (germes vivants, œufs microscopiques) aident, par les phénomènes de la fermentation (moisissure) qu'ils produisent, à la naissance de la vie, non, à sa propagation. Le produit de la fermentation dérive de la matière fermentescible (sucre, etc.), mais en passant par le ferment, qui, grâce aux phénomènes d'assimilation et de désassimilation, lui donne sa dernière forme (une plante, un animal).

Ces microzymas (vivants) sont partout, leur travail est immense. Ils forment pour un millième la craie qui a un développement incalculable dans le sol, au fond des mers, etc. Ils sont le ferment, le champignon de la bière. Ce microzyma (germe) est au commencement, au milieu et à la fin de tout être organisé ou vivant. Ces petits êtres sont le fondement du monde animé. Mais on exagère en disant que tout être vivant est réductible au microzyma. Il serait l'un des matériaux dont se composent les cellules des êtres vivants. Ces organismes seraient une agrégation de ces petits êtres ayant une activité, une *vie propre* se continuant dans les éléments, quand l'organisme qu'ils constituaient est entré en dissolution.

Mais la philosophie ratifiera difficilement la conception de la vie résultant de vies partielles agglomérées. En tout cas, impossible au microscope d'épier l'apparition spontanée de la vie d'un être, amibe, sporule, sphérule, cellule. Les bains, les dissolutions des chimistes, les mélanges composés d'éléments minéraux, qui entrent dans les tissus des êtres inorganiques, ne donnent aucun résultat; c'est toujours la mort.

Les monistes, qui n'admettent dans la nature qu'une seule molécule matérielle, donnent cette explication fantaisiste de la reproduction et de la multiplication de leurs monères ou germes : cette merveille aurait lieu par gemmaparité et scissiparité ; c'est-à-dire qu'ils se reproduiraient par bourgeonnements, par boutons, et qu'ils se multiplieraient à l'infini en se partageant, se séparant spontanément en autant d'individus tous pareils. C'est ingénieux; mais M. Balbiani, naturaliste de valeur, a reconnu, dans ses expériences micrographiques, l'existence des sexes et la production sexuée des œufs dans les infusoires, diatomées, rhizopodes, ce qui met à néant la théorie de ces messieurs ; car la génération, avec ses phases mystérieuses, n'a rien de commun avec leur mécanique pour reproduire le germe.

« Cette manière de trouver la vie dans les infusoires, etc., a dit Claude Bernard, est inadmissible en théorie et inexacte en fait. La vie se propage; on ne comprendrait pas qu'une pareille puissance de continuation apparaisse d'emblée et de rien. L'effet est toujours proportionné à la cause; le germe formé dans un milieu mort, dans un milieu minéral, ne pourrait être qu'un germe minéral, mort. L'abîme entre la nature inorganique et la nature organique est infranchissable. Le germe est doué essentiellement d'une force qui reçoit de prédécesseurs vivants son énergie et sa direction. Un germe spontané ne serait pas un germe. »

« Pourtant, dit Hæckel, si l'on rejette l'hypothèse de la génération spontanée, force est d'avoir recours au *miracle* d'une création surnaturelle, de Celui qui appelle à l'existence ce qui n'est pas encore, *qui vocat ea quæ non sunt.* Et, comme ce savant ne *veut* pas de la seconde manière, il s'en tient à la première, c'est-à-dire aux êtres s'étant produits eux-mêmes au commencement. »

Et pourquoi? Parce que la science s'inscrit en faux contre la possibilité même du miracle. Je n'ai pas à débattre ici cette question si intéressante du miracle; mais permettez-moi un simple mot là-dessus, en passant.

En discussion on ne définit jamais assez. La loi naturelle, je l'ai établi, a été voulue comme toute loi, et même plus que toute autre loi, parce qu'elle a une portée au-dessus de tout l'ordre naturel, qu'elle le crée. — Une distinction s'impose entre « l'action coutumière de toute loi et la loi elle-même ». — L'action coutumière est l'application continue d'une loi, tandis que la loi proprement dite c'est la volonté de son auteur. Autrement dit : la vraie loi mondiale, celle qui est au fond de toutes les lois, c'est le rapport de subordination des *causes secondes* vis-à-vis de la *cause première* qui est Dieu.

Voilà ce que les positivistes semblent ne pas voir; ils se refusent à voir que les lois de la nature, causes secondes, sont nécessairement contingentes, dépendantes de la cause première, Dieu; que toute cause seconde, dans la nature, a quelque part sa cause première, *absolue.*

Pourquoi dirait-on que le miracle détruit cette subordination? il la rend simplement plus manifeste. En effet, la cause première, Dieu, quand elle intervient extraordinairement dans le plan du monde n'annihile pas, ne suspend pas l'activité des causes secondes (ou lois générales); elle la surexalte, au contraire.

Le miracle nous fait entrevoir tout ce que Dieu pourrait tirer des agents naturels en leur appliquant une impulsion souverainement efficace, telle qu'elle peut provenir de la cause créatrice.

Voici un être mortellement frappé dans ses fonctions vitales, il va mourir. Dieu, par une intervention miraculeuse, réveille en lui ses énergies éteintes; un souffle de vie est passé en lui de la part du grand *Vivant*, de Celui qui est la vie par essence. Où voit-on là un bouleversement des lois? C'est au contraire la remise en vigueur des lois qui président à l'épanouissement de la vie,

La mort s'est produite. Pourquoi Dieu ne pourrait-il pas, lui l'Auteur de la vie, rétablir les organes dans un état qui les rende propres aux fonctions de la vie, en rappelant l'âme dans un corps devenu incapable de la garder! Poser la question c'est y répondre affirmativement.

Quand donc se lassera-t-on de nous payer de simples conjectures en place de raisons plausibles? — Autrefois, dit un malin, la science raisonnait, aujourd'hui elle vaticine, c'est plus amusant!

Dire qu'une monère, un mycrozyma vivant s'est fait seul, c'est plus fort que de dire qu'une pyramide d'Égypte s'est faite seule : une pyramide savamment bâtie n'est qu'une superposition morte de matériaux, et le mycrozyma, plus savamment créé, a en plus la vie. Direz-vous que ce tombeau des Pharaons s'est fait seul? S'il a été conçu, voulu par quelqu'un avant d'étonner le monde, le microzyma vivant a été voulu avant de stupéfier la science.

Darwin. — Darwin s'est montré un peu moins déraisonnable, quand il a dit que la vie a été insufflée primitivement par le Créateur dans un petit nombre de formes, dans une seule peut-être, et qu'elle s'est développée à l'infini, en passant par évolution des formes ou êtres les plus simples aux plus compliqués, mais toujours la même vie. — Dieu n'aurait créé qu'une fois! Cet océan inimaginable de vie se serait trouvé d'abord dans la seule monère primitive..... Pour ce savant, c'est par de prétendues lois, rêvées, non prouvées, d'évolution et de transformisme, que la multiplication des êtres, partis des infiniment petits, a dû arriver à leur développement merveilleux. — Un ver en progressant toujours est devenu un éléphant!

Il s'écriait un jour : « N'y a-t-il pas une véritable gran-
« deur dans cette conception de la vie, ayant été, avec « ses puissances diverses, insufflée primitivement par le « Créateur dans un petit nombre d'êtres !... Oui, c'est une conception étrange ; ces flots de vie se seraient trouvés d'abord concentrés dans la microscopique monère ! — « En vérité, jamais être vivant n'a possédé tant de vie, « tant d'existences diverses, n'a usé plus modérément « d'une si épouvantable fortune. Et voyez-vous une loin« taine perspective de racines, de tiges, feuilles, rameaux, « fleurs, fruits, graines, — vertèbres, cerveaux, poumons, « dents, — nobles instincts, intelligence, libre volonté, « inclination native pour le vrai, le bon, le beau. — Toute « cette puissance merveilleuse qui crée des poèmes, « bâtit des villes, forme et défait des gouvernements. — « Orateurs, physiciens, philosophes, David, Homère et « Platon. — Et tout cela primitivement dans un flocon « d'albumine, la monère d'Hæckel ! — Tout fait vient « d'une cause capable de la produire ; l'être pourrait « jaillir spontanément du néant ? Ce serait contredire « savants, philosophes et théologiens. »

Convenez que, si certains de nos adversaires, férus de science, sont doués du sens commun, il leur manque le *simple bon sens*.

Taine. — Idéalisme et matérialisme, tel est le champ d'exploration de la philosophie, il ne manque pas d'ampleur. M. Taine va plus loin : il nie matière et esprit. Il ramène l'intelligence à un mécanisme, la sensation à un cas particulier, les phénomènes physiques ; en cela, comme bien d'autres, il trompe moins qu'il ne se trompe.

En physique, l'abstraction est la considération isolée d'une manière d'être (force, forme) qui ne peut exister sans son *substratum*, substance : forme, couleur, poids, résistance, mobilité, ne sont pas une réalité physique, saisissable, mais une vue intellectuelle parfaitement vraie et d'une portée immense. Tout cela change, mais l'être, la substance qui les subit reste la même, toujours elle-même. J'y reviendrai quand je traiterai de la force. M. Taine, lui, dit non : les propriétés susdites sont tout sans la substance, matière ou esprit. Il semble dire : dans la nature il y a de la chaleur, du mouvement, de la lumière, mais des corps chauds, mus, lumineux, non !

Le grand Bossuet parlait autrement : « Les facultés (de l'esprit) ne sont au fond que la même âme, qui reçoit « différents noms à cause de ses diverses opérations « (sensibilité, raison, etc.). Il est clair que les facultés « séparées de l'âme sont une abstraction, rien par elles-« mêmes. » — Les spiritualistes, dit Taine, identifient les facultés avec l'âme ; or, les facultés sont une fiction (il confond fiction avec abstraction); donc l'âme est une fiction. — Alors disons : la beauté d'une fille est une fiction, donc une belle fille n'est qu'un fantôme.

Pourtant M. Taine affirme qu'il pense, qu'il sent, qu'il veut ; il le sait, il en a la conscience. Par la conscience, je vois que je pense, je vois le principe de ma pensée, je vois, de plus, que ce principe, ce moi, change de pensées sans changer lui-même, en restant identique avec moi-même ; où est la fiction ?

Je change de manière d'être, je suis d'une façon, puis d'une autre, mais c'est toujours moi-même ; impossible de nier ce témoignage de la conscience. Le sujet identique de phénomènes divers s'appelle substance. Si ces phénomènes sont des pensées, on appelle ce sujet âme. — Si vous faites de l'âme et de ses facultés des fantômes, que vous reste-t-il? Rien, sinon les événements et les faits.

Notre *moi*, dit Taine avec plusieurs autres, est composé d'événements successifs. Mais des événememts successifs ne sont aussi que composants successifs ; le moi alors changerait à chaque événement ; pour faire un composé réel, il faut au moins deux éléments présents.

Et la matière ? Elle n'est pas, dit-il, une substance, par

la simple raison qu'il n'y a pas de substance. — M. Taine fait disparaître au sommet de la nature l'Esprit et à sa base la matière, en leur conservant toutefois une sorte d'existence tenue dans les faits et les événements.

Nos idées les plus abstraites ne sont pour M. Taine que des signes se réduisant à des images ; nos images elles-mêmes sont des sensations renaissantes. Partout notre pensée tout entière se réduit à des sensations, c'est-à dire à des impressions produites par des objets extérieurs sur les organes des sens. La matière cependant n'est rien en elle-même, « parce que, dit-il, elle est constituée par des « faisceaux de pouvoirs ; et, en même temps, elle est en « elle-même quelque chose de fort sérieux, parce qu'elle « est un ensemble de possibilités et de nécessités, à quoi « se réduisent les pouvoirs ». — Incompréhensible.

Qu'en son cabinet de travail, dit un auteur, M. Taine ait arrangé sur la matière ces phrases quintessenciées et ces subtilités transcendantes, il en était bien libre. Mais j'aurais voulu l'entendre dire à un casseur de pierres que le caillou n'existe pas, etc. ; je vois le bonhomme se redresser lentement : Il parait, Monsieur de la science, aurait-il dit, qu'il y a de la misère en ce monde pour tout le monde ; je ne vous connaissais pas une araignée au plafond ! — Je me trouve dans le sanctuaire d'étude de M. Taine, un rouleau d'or est sur sa table ; je le mets dans ma poche. — Mais, Monsieur ? — Et bien quoi ? Le rouleau d'or ? — C'est de la matière, ce n'est rien, je ne vous ai rien pris, bonjour !

Un corps n'est qu'un faisceau de pouvoirs, une chose en puissance de phénomènes, sans réalité ; or, un pouvoir n'a rien d'intrinsèque et de personnel à l'objet auquel on l'attribue ; donc l'objet n'existe pas par lui-même. La matière ne serait qu'une collection d'événements, parce qu'elle est composée d'éléments simples et, ose-t-on dire, inétendus. Taine en conclut qu'ils ne sont que de purs centres géométriques, des abstractions. Mais cet élément, dit inétendu, est un centre de forces aussi concret que les briques et les moellons d'une maison !

M. Taine dit donc : Les images sont tout l'homme ; nous ne sommes qu'un système de fantômes et de simulacres. — La perception ne compte pas : perception, conception, abstraction, comparaison, jugement, raisonnement, souvenir, Taine ramène tout à la sensation. La perception externe au moyen des sensations ne compte pas non plus. Il dit que le fait physiologique (de la vie matérielle) et le fait psychologique (de la vie de l'âme) sont parfaitement identiques ; qu'entendre, voir, penser, toucher, réfléchir, ce n'est autre chose qu'avoir les nerfs et les centres nerveux ébranlés suivant un mode spécial. — En un mot, d'après lui, « l'esprit n'est qu'une collec-« tion d'images, la perception n'est qu'une série d'hal-« lucinations, un *polypier* d'images ! »

Ce qu'il y a de vrai, c'est que les mouvements moléculaires des centres nerveux sont connus par la perception externe et les sensations par la conscience. Taine confond ces deux modes de perception, pour lui tout est sensation.

Il ose dire qu'en tant que composé de forces et de pouvoirs le *moi* n'est lui-même qu'une entité verbale, un fantôme métaphysique. Le moi un fantôme ! Mais puisqu'il a des pensées, il a la conscience, la connaissance intime, que cela lui appartient, que c'est bien réellement lui qui pense, aime, etc. — Et l'âme pensante ne serait qu'une entité verbale, comme la force ; la forme ? Alors pas de conscience ! — Réduire à néant le témoignage de la conscience, c'est détruire l'homme. Ne le sent-il pas ?

Cet oracle très influent de l'école nouvelle a brisé ses idoles pour finir en chrétien.

M. Luys. — M. Luys, médecin de la Salpêtrière, avance que la psychologie (étude de l'âme) n'a plus de raison d'être, que la physiologie avec l'anatomie explique l'homme tout entier. — La pensée, les phénomènes qui se passent dans le cerveau se réduisent à des mouvements et à de la chaleur (qui est un mouvement transformé). — Entre mouvement et pensée il y a pourtant incompatibilité, comme entre noir et blanc. Allez-vous comparer le calorique au jugement, au raisonnement, à l'amour, au choix du bien, du beau, aux mathématiques, aux études purement spéculatives?

En Allemagne, dans une réunion de médecins (1874), Rosenthal, Dubois-Raymond et autres ne savaient comment expliquer que le mouvement qui ne procède que du mouvement, qui ne produit que le mouvement, produirait la perception? *Ignorabimus,* nous ne le saurons jamais, disait Dubois-Raymond.

En effet, voyons : tout mouvement demande de l'espace et du temps : je donne un coup de poing sur cette table, que se passe-t-il? Mon poing parcourt un *espace* pour descendre à la table; de plus, dans cette descente il se passe un *temps*; que ce ne soit qu'un centième de seconde, n'importe; quand mon poing était en l'air il n'était *pas encore* arrivé à la table. Donc tout mouvement est impossible sans l'espace et le temps. Mais la pensée s'en passe : dans le même instant mon esprit est à cette table et à Pékin, sans même passer par les *intermédiaires* tels que Paris, Berlin, Saint-Pétersbourg; il n'est pas au Cap qu'il est à Chicago ou au détroit de Magellan. La pensée ne connait donc ni l'espace ni le temps, elle n'est pas un mouvement.

M. Luys se base sur des hypothèses : il dit, par exemple, qu'une notion de bonté nous vient de la satisfaction de nos nerfs *gustatifs* et que cette perception agréable d'une substance sapide (miel, etc.) se généralise et devient une *appréciation morale*, d'où la notion de bonté morale (courage, pudeur, etc.). Et cela s'applique à toute une série d'actes de l'activité humaine, d'où sensibilité morale et tout ce qui s'en suit. Voilà la perception dans ses diverses phases (les nerfs gustatifs, visuels et autres). Et il dit cette énormité sans rire !

Réponse :

Le cerveau, considéré en lui-même, n'est cause ou sujet que de mouvements purement matériels, et ces mouvements prêtent aux diverses formes de la pensée un concours nécessaire ; le cerveau est l'organe des conditions de la pensée. — Deux principes substantiels, cerveau et esprit. Deux sortes d'opérations procédant de ces deux principes : les vibrations cérébrales et les diverses formes de la pensée. — La physiologie tâtonne, la philosophie voit clairement son objet. Rien au monde n'est plus évident à la pensée que la pensée elle-même, par la conscience. L'empreinte, éprouvée par l'organe, est reçue dans la vie de l'âme ; or, comme l'âme a conscience de sa vie, du même coup elle a conscience et connaissance de l'image gravée dans l'organe et répercutée en elle-même. Opération initiale, sensation ; puis perception de l'âme éveillée, dirigée par la sensation ; l'âme se porte vers l'objet qui la cause, et en prend connaissance. Le cerveau excité est le tableau des objets que l'âme perçoit, se rappelle et sur lesquels elle raisonne. — Ces objets sont pour un moment en images dans le tissu du cerveau ; ces images sont perçues par l'intellect ; ce ne sont pas les objets de la pensée, ni surtout la pensée, mais les signes dont s'imprègne le cerveau. L'intelligence ne comprend pas l'image, mais elle comprend par l'image son propre objet. (De Bonniot.)

Seulement ne confondons pas la lumière intellectuelle qui embrasse tout, presque l'infini, avec l'intelligence humaine qui, dans le cerveau, ne saisit à la fois et *successivement* que de petits objets : nous sommes très bornés ; le regard de notre âme est l'attention qui se porte d'un objet à l'autre.

Nos adversaires font du cerveau le laboratoire exclusif de la pensée ; il n'en est que le *siège*. C'est une merveil leuse machine; l'âme peut par la pensée (par ses actes à elle) s'y promener au milieu de tableaux toujours changeants et toujours nouveaux. Les figures, les scènes, les paysages, s'y succèdent sans interruption devant elle. Ces images sont réellement dans le tissu matériel du cerveau une *forme* produite par les vibrations de ce tissu, comme l'image visuelle est un ensemble des vibrations de la rétine.

Le tissu cérébral étant animé par l'âme, il s'ensuit que l'image cérébrale se trouve dans l'âme d'une façon spéciale; elle est une modification de sa vie, elle peut être perçue dans le sentiment de cette vie. Le monde extérieur est devenu ainsi le domaine, la chose de l'âme; elle le porte avec elle, elle en dispose à son gré; un simple désir de sa volonté suffit pour en illuminer les détails, pour les rapprocher, les mêler, leur donner des rapports nouveaux, des formes nouvelles. Chaque homme devient par là, non pas un petit monde, mais le maître du monde!

Mais, je le répète, ces images cérébrales ne sont que des signes que perçoit l'âme et nullement les objets de la pensée, comme le croient les physiologistes. Non, l'intelligence ne comprend pas l'image, mais elle comprend par l'image son propre objet. Comparez le cerveau excité à une sorte de miroir.

Enfin, pourquoi ces images, qui ne sont pas l'objet de la pensée, sont-elles indispensables à la pensée? Pourquoi l'âme immatérielle n'exerce-t-elle ses opérations immatérielles qu'avec le concours de phénomènes matériels? — La raison intime de ce fait est le secret de Dieu, comme la vie.

Ces mystères reposent sur des forces incalculables, dont l'existence est d'une évidence parfaite, mais d'une définition absolument au-dessus de l'intelligence humaine. Mais les nier c'est se condamner à une nuit profonde, insondable; et cette négation, à la mode de notre temps, est un fléau pour le monde intellectuel. — Au lieu de nous répondre : cela est parce que cela est, dites donc : cela est parce que Dieu l'a voulu dans sa bonté et dans sa science infinies. — Voyons : la lumière incommensurable du Soleil est invisible par elle-même ; pour être sentie par l'œil il faut qu'elle soit réfléchie en petite quantité par des objets matériels ; quelque chose de semblable a lieu pour la pensée : notre intelligence reçoit quelques rayons de la lumière intellectuelle infinie, elle a fort peu d'étendue dans son regard qui est *l'attention ;* de tous petits objets, des détails suffisent pour la fixer ; cette absorption voilà la pensée.

Mais on ne sait qu'une chose, qui ne prouve rien en faveur de la production de la perception, c'est que la sensation, la perception, la pensée même sont accompagnées de modifications locales du système nerveux, avec des modifications analogues à celles des muscles ; et les résidus de ces combustions contiennent de l'azote. Tout la reste est hypothèse.

Ainsi donc, d'après M. Luys et d'autres, la pensée serait un mouvement. J'insiste contre cette grave méprise : l'effet ne peut rien contenir qui ne soit dans sa cause ; la pensée ne reçoit donc pas d'un mouvement la propriété par où elle est supérieure au temps et à l'espace, c'est-à-dire au mouvement. Là où il n'y a que de la matière, il n'y a non plus que des phénomènes matériels, lesquels se réduisent tous à des phénomènes de mouvement. Donc, mouvement et pensée, unis en un même phénomène, se contredisent réciproquement, et la contradiction ne se rencontre jamais ainsi dans l'existence. — Le cerveau, instrument matériel, donc capable seulement de mouvement, ne peut être l'organe *suffisant* de la pensée qui n'est pas un mouvement, mais *l'esprit en acte.*

Voici du reste les fondements de la pensée suivant M. Luys :

1° Sensibilité de la cellule nerveuse, due à une excitation extérieure et qui réagit en vertu de la sollicitation de ses affinités intimes;

2° Phosphorescence organique pendant laquelle les éléments nerveux conservent, pendant un temps prolongé, les traces, les incitations qui les ont d'abord mis en activité;

3° Automatisme, qui exprime les réactions spontanées de la cellule vivante.

Ces merveilleuses propriétés du cerveau sont l'essence même de toute action nerveuse, ou, en d'autres termes, psychologique.

Ce n'est pas plus difficile que cela!

Mais par cette réaction nerveuse, il faut bien entendre la sensibilité plus la *volonté*.

La phosphorescence organique n'est qu'une comparaison à des effets de lumière, c'est de la physique pure.

Et les cellules nerveuses sont de petits automates en exercice. dus à une excitation convenable.

Ainsi, les cellules nerveuses auraient le pouvoir de sentir, de vouloir, de conserver les impressions (mémoire) et de les reproduire. — M. Luys les attribue également aux organismes unicellulaires du règne végétal : la sensibilité, dit-il, dans le monde organique, n'est que la transformation de ces forces aveugles qui attirent entre elles les molécules cristallines du monde inorganique (minéraux).

Ce qui est vrai, c'est que le cerveau est l'organe des conditions de la pensée. Mais comment des mouvements matériels prêtent-ils un concours indispensable à des opérations immatérielles? On ne sait encore. L'âme est intimement unie à l'organisme; c'est la vie qui le rend vivant; nous parlons de la vie sensible de l'âme. Un être vivant ne peut éprouver l'action d'un être matériel sans être modifié même dans sa vie.

Les sens sont donc une sorte de mécanisme admirable,

qui imprime, non seulement dans le système nerveux, mais dans l'âme qui l'anime, les images des objets sensibles. Je l'ai dit, c'est proprement la *sensation* qui éveille l'âme, etc.

A titre de curiosité seulement, voici les principaux points de la doctrine des positivistes monistes, c'est-à-dire de la plupart des savants qui n'admettent dans la nature qu'une substance matérielle unique, doctrine frappée d'inanité par la saine philosophie, par la raison et la conscience, qui font le fond même de l'homme :

1° La matière a toujours existé ;

2° Le mouvement est inséparable de la matière ;

3° La quantité de mouvement est constante et invariable dans l'univers ;

4° Les phénomènes de la matière inorganique ne sont que des transformations de mouvements, des transformations de chaleur en travail mécanique et réciproquement ;

5° Il faut dire la même chose de l'organisation des corps vivants ;

6° La même chose des phénomènes de conscience, de la sensation, des déterminations volontaires de la pensée, des idées ;

7° La même chose des mouvements organiques et autres ;

8° L'apparition de la vie sur la terre rentre dans la même loi ;

9° La matière et ses phénomènes n'auront pas plus de fin qu'ils n'ont eu de commencement ;

10° La matière est seule réelle ;

11° L'Esprit et Dieu sont des hypothèses inutiles.

Parmi ces propositions, la quatrième, vraiment scientifique, peut se soutenir et de fait est soutenue par la plupart des physiciens comme extrêmement probable. — La cinquième et la septième, moins sûres que les quatre premières, peuvent néanmoins se soutenir encore, si on les restreint à la partie matérielle et sensible du phénomène. Toutes les autres, y compris la sixième, ont l'inconvénient très grave de n'être que des hypothèses, et l'inconvénient plus grave encore de contredire ou les faits ou le bon sens.

Le monisme se fonde sur la science, mais comme une maladie sur le courant de la vie. « Ce n'est qu'une cor« ruption engendrée par une science encore bien jeune, « précisément à cause de la faiblesse qui accompagne « tout ce qui est jeune. Espérons que l'accroissement et « la virilité la feront disparaître pour toujours ! »

Continuons, sans prétendre l'épuiser, l'étude des savants à la mode, du siècle qui vient de finir. Ils ont la vue très fine quand il s'agit d'analyser un acte de la sensibilité ; mais leur pénétration ne va pas plus loin : l'intérieur, le principe intime de la sensation, et surtout les facultés supérieures, l'intelligence et la volonté *libre* sont pour eux des livres scellés.

*Vitalisme* et *animisme*, voilà deux genres de phénomènes de l'ancienne philosophie qu'ils s'efforcent de renverser en les ramenant à des phénomènes chimiques. Par là ils chassent du domaine de la vie l'hypothèse déjà ancienne du principe vital, et la plus vraie des réalités d'ici bas, l'âme.

Le vitalisme est la doctrine qui explique par un principe distinct de la matière les phénomènes de la vie inférieure, nutrition, accroissement, etc.

L'animisme rapporte à l'âme raisonnable les phénomènes analogues qui s'accomplissent dans l'homme. — La physiologie moderne n'en veut plus.

M. Baunis. — Le professeur de Nancy, M. Baunis, dit que trois choses que l'esprit humain trouve dans les phénomènes de la nature brute, mouvement, mobile et moteur, se réduisent à une chose unique, le mouvement. — Mais ce n'est là qu'un effet, et sa cause? — Ce mouvement, dit-il, est dû aux propriétés spéciales physico-chimiques du carbone, du calorique, etc.

M. Dubois-Raymond. — Ce savant reconnait que la vie a commencé sur la terre; mais, au lieu de reconnaître qu'une cause préexistante en a allumé le flambeau, il prétend, comme M. Baunis, que la production première de la vie est due aux agents physico-chimiques. — « Tout « se réduit à des mouvements de molécules qui aboutissent à des positions plus ou moins stables et à l'établissement, sous l'empire tant de forces inhérentes aux « molécules que de forces transmises du dehors, à l'établissement, dis-je, de cet échange de la matière essentiel à la vie. » — Mais cet échange de matière a lieu aussi dans les piles électriques; les piles électriques sont-elles animées?

Allons, allons! tout ce qu'il faut pour donner à un être la vie, se réduit à lui donner la vie!

Il est bien vrai que la nature a préparé le laboratoire du protoplasma (substance matérielle primitive) dans la cellule *vivante*, c'est-à-dire, possédant un germe vivant (un microbe quelconque); mais cette propriété évolutive d'un *œuf*, qui produira un mammifère, un oiseau, un poisson, n'est ni de la physique, ni de la chimie. — Il faut bien, dit l'anglais Murphy, reconnaître là une intelligence organisatrice, au-dessus des lois générales de la matière; à côté des mouvements moléculaires inconscients, n'y a-t-il pas des mouvements conscients? Le cerveau, dit ce physicien, est un organe qui se fond et se modifie continuellement. — Deux et deux font quatre; faites cadrer cette vérité éternelle et nécessaire avec un organe instable et fuyant comme le cerveau, elle ne peut y résider. Où la placerez-vous donc, en supprimant le principe stable qu'est l'âme? Nulle part. Le changement ne contient pas l'immuable. Vous rendez donc tout impossible, et d'abord les sciences spéculatives, tout l'ordre intellectuel et moral.

Chercher dans les sciences physico-chimiques l'explication complète de tout cet ordre supérieur à la matière, dit M. Gavarret, est une tentative insensée.

Et M. le professeur Sièrebois ?

M. Sièrebois a fait « l'autopsie véritable de l'âme », qu'il appelle la vraie philosophie. — Autopsie et âme, comme ces deux mots jurent accolés ensemble ! — Voilà encore un savant qui m'a tout l'air de nous prendre pour des imbéciles. — Quelle est la base unique de sa philosophie ? C'est la « molécule idéelle ». — Encore deux mots..... mais passons. — Qu'est-ce que la raison, se demande M. Sièrebois ? Elle n'est autre chose que le jeu intérieur des molécules, jeu considéré comme devant être la représentation anticipée du jeu extérieur des choses..... Ma volonté, étant une force toute matérielle, doit appartenir à une substance matérielle. Puisque c'est un jeu (comme un mouvement d'horlogerie) c'est une série de mouvements mécaniques. Pourtant, avoue-t-il, « affirmer que les choses se passent ainsi, serait d'une « présomption ridicule. » Cet aveu a son prix.

Pour ces messieurs, la pensée serait un produit de la substance cérébrale, au même titre que la bile secrétée par le foie. — « Ce n'est pas avec la sensibilité, la mé« moire et la volonté que s'expliquent les sensations, les « souvenances et les actes volontaires, mais par la *neuri*« *lité* (jeu des nerfs) agissant sur l'admirable mécanisme « du cerveau. » (Dr Claver.)

M. de Fonroque a recours aussi lui, pour expliquer le monde, à une substance unique et universelle, la monère ; il s'épuise en vains efforts à tirer de *un* le multiple, et l'universel du particulier.

M. le Dr Durand. — M. Durand procède en sens inverse dans son « *Ontologie* » (Théorie de la science de l'être). L'*ens necessario existens*, l'être existant nécessairement, n'est pas seul, comme l'entend M. de Fonroque, il est en nombre infini. Il est l'élément infinitésimal de la substance, l'atome absolu, la monade, le centre de force : tout est dieu, non l'absurde matière, mais l'esprit, l'esprit « autocrate » d'Anaxagore, « le principe du mouvement ». C'est le moi se répétant à l'infini. — « C'est le panthéisme spiritualiste, ou panpsychisme, qui est le nôtre » dit-il. — On est panthéiste quand on affirme que la substance de Pierre, Paul, Jacques, de tous les hommes, animaux, plantes, est réellement une, identique, éternelle, impérissable, infinie. — Mais, si l'on dit que tout cela, tout en étant un concept unique, est une multitude d'êtres *distincts*, on n'est plus panthéiste. Soit. Aussi l'univers de M. Durand est une agglomération de petits êtres indépendants sans aucun lien entre eux. Son panthéisme est donc tout de convention ; il est atomiste, spiritualiste, mais athée. Les atomes spirituels sont pour lui le principe, la cause et l'élément de toute chose.

Mais, je le répète, *si omne vivum ex ovo* (tout vivant sort d'un œuf) est vrai, *omne ovum ex vivo* (tout œuf sort d'un vivant) est vrai également. M. Durand l'ignore. — Il dit : l'atome spirituel qui est l'esprit, l'âme, le moi, est l'élément infinitésimal de la matière, la force simple, dont toute parcelle est intégralement formée. — La table, le papier, la plume, etc., tout cela se trouve composé d'une foule innombrable de *mois*, semblables à moi « la monade est le moi répété à l'infini ! »

Comment expliquer, sans l'intervention d'une puissance surnaturelle, le commencement de la vie dans la nature, qui est le plus grand phénomène du monde, et qui n'a pas d'antécédents ? — A cet effet, M. Durand a inventé « l'œuf cosmique ». Avec cet œuf, le monde vivant s'explique facilement, sans intervention divine. Mais la difficulté consiste à admettre l'œuf, quel œuf? Il n'a pu être porté dans un ovaire qui n'existait pas encore. Mais c'est lui qui a façonné l'œuf, ou plutôt s'est façonné un « œuf ». — Voici son explication empruntée à Newton : « Cet œuf procède des idées et de la volonté de l'être nécessairement existant. » — Au surplus je vous traduis le latin de Newton : « La diversité totale des choses fon-« dées (*rerum conditarum*) en tous lieux et en tous temps, « n'a pu sortir seulement que des idées et de la volonté « de l'être nécessairement existant. »

Mais le grand géomètre anglais appliquait cette cause au vrai Dieu ; tandis que M. Durand l'attribue à la fatalité et à l'atome idéal spirituel de son invention? Est-ce sérieux, scientifique et surtout prouvé? — Enfantillage.

La cause de la vie, quel problème pour le matérialiste!

« Sans avoir cette forme de sensibilité qui soumet les « habitants de la terre à l'action des agents extérieurs, « cette cause a quelque chose qui contient et surpasse « infiniment toute sensibilité ; c'est la source même qui « a donné l'être à tout ce qui le possède. »

Quelle est la tendance la plus frappante et la plus opiniâtre de la science moderne, sinon de chercher la vie loin de l'Auteur de la vie? — Elle se contente de dédaigner les grands principes, soutien et consolation des siècles passés, ces assises vénérables du spiritualisme et de la théologie qui en donnent la solution. Elle ne s'y arrête pas. Pour elle, ce ne sont que de simples idées, des opinions négligeables qui mènent tout droit à la superstition et au fanatisme. Il suffit que leurs preuves échappent à ses expériences physiques, dites scientifiques, pour être repoussées.

Mais la vie ne l'obsède pas moins ; elle la rencontre partout ; comment la renier? Cette force immense, sans laquelle la nature ne serait rien, s'impose plus que les rayons du soleil. L'aveugle peut, à la rigueur, renier la lumière, mais, dira-t-il : la vie n'est pas? Impossible.

Cette force immatérielle, comme toute force et toute forme, simple abstraction considérée en dehors de la substance (matière ou esprit), c'est-à-dire pure vision intellectuelle, s'affirme à chaque pas dans l'étude de la nature. Le savant qui ne veut pas tenir la vie du Créateur se voit obligé d'en faire une propriété exclusive et éternelle de l'éternelle matière. Mais la physiologie (étude du corps vivant) et la philosophie positiviste n'ont jamais pu trouver une définition de la vie, capable de les mettre d'accord.

M. Thomson. — Pour en finir avec cette question de l'origine de la vie sur terre, Sir W. Thomson suppose qu'un aérolithe, portant dans ses flancs quelque trace de vie, graine, brin d'herbe, animalcule, sera tombé sur la terre pour l'ensemencer ! — Il oublie que les aérolithes, en s'approchant de la terre, s'élèvent dans leur course rapide à une température au-dessus de celle d'un boulet rouge. La vie est-elle possible dans ce brasier ? — Il reconnait très bien du reste que, quand la terre est devenue propre à la vie, il n'y existait aucune créature vivante ; car, dit-il, si nous remontons dans l'histoire physique de notre globe, d'après les principes rigoureux de la dynamique, nous arrivons à un globe en fusion dans lequel la vie ne pouvait exister. Les organismes n'ont pas toujours existé, mais sont nés à certain moment (1).

La vie a commencé sur la terre, dit Wirchow, car la géologie nous conduit à des époques de la formation de

(1) Il a été démontré que la vie dans la nature est impossible à une température au-dessus de 45°.

Je sais un malheureux que la Faculté a eu la malencontreuse idée d'envoyer se faire *étuver* à Dax. On l'enfermait quelques minutes dans une chambre à 39 ou 40 degrés. Le patient sentait parfaitement qu'en y restant plus longtemps, il était... cuit.

la terre où on ne trouve, ni traces, ni débris (d'êtres vivants).

De son côté, Hæckel dit que, quand sur terre tout fut prêt pour les recevoir, les premiers organismes (êtres) apparurent.

Donc il y a eu un commencement de la vie. Mais, si la vie a commencé dans l'univers, il faut bien qu'une cause préexistante en ait allumé le flambeau ; autrement, dites que l'être puisse sortir spontanément du néant, ce qui n'est et ne sera jamais démontré.

Comment, la science serait ramenée de son propre mouvement aux pieds de Dieu, s'écrie Zollner? Cela révolte mon intelligence ! — Quel aveu, cette révolte !

Je le répète, l'athée fait des efforts inouïs pour échapper au miracle de la vie ; de là, une alternative inévitable lui présente une double face, dit M. de Bonniot : d'un côté le miracle absurde des incrédules (la vie sortie de rien), de l'autre, le miracle divin parfaitement logique. — Pour nous, Dieu seul a fait succéder la vie à la mort ; la vie seule est principe de vie.

Je citerais cinquante auteurs de l'école positiviste, que ce seraient les mêmes théories. Ils demandent à la nature visible ce qu'elle ne peut donner, la vie. Les uns la font éternelle ainsi que la matière, quand il fut un temps, où la vie n'était pas encore, où elle n'était pas possible sur terre. Les autres la font produire par le mouvement sous toutes ses formes : ébranlement des nerfs par une cause extérieure, mouvement de tous les organes, excitation des muscles, neurilité, adaptation, etc., enfin par toute cause matérielle que l'on puisse imaginer, quand dans l'univers le mouvement n'est justement produit que par l'être *vivant*, matériel et spirituel, quand le mouvement n'est qu'une manifestation de la vie, qu'un effet naturel de la vie. C'est prendre l'effet pour la cause, ce qui n'est jamais permis. Mouvement et vie sont deux propriétés de l'être, avec cette distinction, toutefois, que le mouvement est impossible sans la vie. J'aime encore mieux cette fantaisie de M. W. Thompson, qui la fait descendre sur terre dans un aérolithe.

Qu'il me soit permis d'insister encore un peu.

L'apparition spontanée d'un organisme ou être, vivant dans un milieu inorganique, mort, ne signifie qu'une chose, que la vie peut tirer d'un milieu minéral les éléments minéraux nécessaires à la structure d'un organisme, d'un être; mais cette apparition ne dit rien sur l'origine de la vie.

Quand Dieu anima notre globe jusqu'alors inerte, il emprunta aux substances déjà créées la matière des êtres vivants : ces derniers sortirent réellement d'un milieu minéral, inorganique. Un chimiste alors présent aurait pu voir, même sans microscope, cette transition merveilleuse, mais il n'aurait pu voir la vie dans les organismes ou êtres, ni la main qui l'y déposait. La vie et Dieu immatériels sont invisibles.

Dira-t-on que dans leurs expériences les chimistes provoquent la naissance spontanée d'êtres vivants qui n'auraient pas de parents ? Mais les infusions qu'ils emploient sont organiques, contiennent des germes vivants. A cet effet, ils ne peuvent faire usage de dissolution purement minérales, privées de tout germe vivant, *stérilisées*, comme on dit en pharmacie. M. Pasteur l'a démontré à satiété. — Voilà la différence essentielle qu'il ne faut pas perdre de vue. Ces messieurs provoquent la naissance d'êtres avec des germes vivants (microzymas, bactéries, sporules, graines infiniment petites, toute sorte de microbes). — Le jardinier avec ses engrais fait-il autrement ?

Sans doute, je l'ai dit, on arrive à produire des substances d'origine organique, alcool, sucre de raisin, albumine, chondrine, fibrine, qui ne gardent rien de la nature inorganique, minérale, avec des matériaux inorganiques.

Mais on n'organise pas, on n'anime pas ces matériaux. Ne confondons pas le gâcheur qui fait du mortier avec l'architecte qui élève un bel édifice. On va jusqu'à dire que la nature peut ce que peut l'homme ; la nature peut-elle faire une montre, une soupe à la julienne ? Qu'en pense M. Berthelot ? — Disons à ce savant académicien : votre ballon contient, en quantité quelconque, de l'azote, de l'hydrogène, de l'oxygène et du carbone ; faites-nous, par votre méthode de synthèse, du même coup, de l'amidon, de l'alcool, du sucre, de la fibrine. Que fera le maître, ce « chimiste national » qui, disent les méchants, a plus d'imagination que de vraie science ? Il vous tournera le dos !

Le pouvoir attribué au règne minéral de produire des composés organiques est insoutenable.....

Et pourtant toute la question est là, surtout à Paris !

Insistons sur l'origine de la vie.

Le monde offre donc à notre étude deux espèces d'êtres : les uns sont inorganiques, tels que la pierre, les autres sont organiques comme le bois, la chair ; et, malgré les tentatives d'une école matérialiste et évolutionniste, ces deux espèces d'êtres sont absolument distinctes. L'école de Paris des monistes enseigne que le cristal, cette forme la plus parfaite du monde inorganique, peut se transformer en corps organisé, vivant. Cette erreur est restée à l'état de simple affirmation, et pour cause. La chaîne harmonique et progressive des êtres présente une interruption complète entre l'anneau le plus parfait des corps inorganiques et l'anneau le plus imparfait des êtres vivants. Ce qui constitue l'être vivant, c'est précisément qu'il *transforme* le corps inorganique en sa propre substance et que, quand il cesse de vivre, il retourne au monde inorganique. *Circulus vitæ.* Le cristal, s'il s'accroît, augmente par *juxtaposition* d'éléments semblables aux siens ; tandis que les êtres vivants augmentent par *intussusception* d'éléments de toute sorte, jamais le cristal n'a transformé, dans son développement, une substance étrangère à sa propre substance. Matière inorganique et matière organique sont donc absolument distinctes. Qu'est-ce qui les distingue en plus à nos yeux? C'est la *force informante*, la vie.

Inspirés par la doctrine positiviste d'Aug. Comte, Wirchow et ses élèves, se désintéressent des questions d'origine et de nature. — Il y a des cellules; ces cellules ne sont douées ni d'âme ni de principe vital, cependant elles vivent! Comment? Par *l'irritabilité!* — D'autres ajoutent par l'action externe de la lumière, de la chaleur. Qu'elle est l'origine de la cellule? La cellule est éternelle : *cellula e cellula.*

Un problème est posé : qu'est-ce que la vie? On y répond par des hypothèses, on le supprime. Cette prétendue éternelle cellule vivait-elle quand notre globe était en feu?

Entendons-nous bien. Sur terre tout être vivant se compose d'une matière et d'une force. Cette force, qu'on l'appelle *archée, âme* ou *forme*, modifie la matière, la transforme, l'élève à un état défini, la fait passer de l'état inorganique à l'état vivant. C'est cette force qui dans le végétal transforme l'azote, le carbone, la chaux, etc., en eau, sucre, graisse; c'est elle qui modèle, comme un sculpteur, chaque être dans un moule défini, et constitue les espèces.

Dans le règne végétal, le principe actif, l'âme, n'a que des facultés végétatives : nutrition, circulation, respiration et reproduction; quelques espèces semblent posséder un très faible degré de sensibilité et la mobilité (sensitive, tournesol).

Le rège animal joint aux facultés végétatives, les facultés animales : sensibilité, motilité, réflexe, automatisme, instinct, et, chez les animaux supérieurs, la mémoire, l'imagination, les passions, la perception *du particulier,* le sentiment non du bien et du mal, mais du plaisir et de la douleur, ce qui leur permet de recevoir une certaine éducation.

L'homme a toutes les facultés qui existent dans le règne animal et dans le règne végétal ; mais il se distingue d'une façon absolue de l'animal le plus parfait par l'intelligence et la volonté.

La caractéristique de l'intelligence humaine est la perception des idées générales, de l'*universel*, et, comme conséquence directe, la possession du langage. L'homme seul parle, parce que l'homme seul possède la notion d'idée générale.

L'animal le plus perfectionné, le chien, par exemple, connait un cercle, un homme, une couleur ; l'homme seul a l'idée de cercle en général, de l'homme, de la couleur.

L'animal ne parle pas et ne parlera jamais, parce que dans toutes les langues, les mots désignent des *universaux*, et que c'est par leur arrangement qu'on parvient à désigner des objets particuliers. Dans cette phrase : la canne de mon père, canne et père expriment toutes les cannes et tous les pères, et c'est seulement la construction de la phrase qui donne aux mots un sens défini et particulier.

La volonté de l'homme est une volonté intellectuelle qui se décide et se dirige par des raisons appréciées par la conscience ; tandis que la volonté de l'animal, autant qu'on puisse employer cette expression, se décide par des coups ou des récompenses. L'homme est responsable parce qu'il sait ce qu'il fait et pourquoi il le fait ; l'animal ne l'est pas.

Les êtres vivants sont les résultats mixtes de l'union d'une forme et d'une matière, et cette union est substantielle : que l'on retire à ce composé substance d'une plante ou d'un animal ou sa forme ou sa matière, il n'est plus.

En parlant de l'union substantielle du corps et de l'âme chez l'homme, nous voulons dire que l'homme est un composé si intime de matière et d'esprit, qu'il n'est à proprement parler, ni un corps ni un esprit, mais simplement l'homme. Qu'on lui retire l'un ou l'autre, il n'est plus l'homme vivant, mais quelque chose d'incomplet qui échappe à l'étude de la nature visible.

L'être vivant ne serait rien sans l'union nécessaire de la matière à un principe invisible immatériel : principe vital ou âme.

C'est la *spécifité* de chaque forme, de chaque principe animateur qui constitue la différence des règnes et des espèces. Les corps inorganiques, qui servent à constituer les corps vivants ; azote, carbone, soufre, chaux, potasse, etc. se retrouvent dans tous les corps organisés ; ils ne peuvent donc expliquer les différences qui existent dans chaque espèce. La cellule, composée d'un ou plusieurs noyaux d'une matière cellulaire et d'une enveloppe, ne pourrait constituer des êtres définis comme les espèces végétales et animales, si une cause supérieure, une force ne présidait à l'arrangement de ces cellules. C'est donc le principe animateur, la forme qui seule peut expliquer la production de ces espèces si harmonieusement et si hiérarchiquement distribuées, etc., etc. (D'un article magistral du Dr P. Jousset, médecin de l'hôpital Saint Jacques, 1903.)

Dans le langage philosophique on donne le nom de *forme* au principe actif qui forme l'être.

C'est l'union de l'âme et du corps qui explique la vie, comme c'est la séparation de ces deux substances qui fait comprendre la mort.

Le système cellulaire de Wirchow et de l'école de Paris s'applique parfaitement à l'anatomie, mais il n'apprend rien sur l'origine de la vie. Je redirai un mot de la cellule.

Autre observation. Deux vérités acceptées par tous :

1° A l'époque de l'apparition des plantes sur la terre, elle était enveloppée d'une atmosphère d'*acide carbonique*.

Les germes, sporules, levures, empruntent autour d'eux, pour leur développement, non pas de l'acide carbonique, mais de l'oxygène, et ils rendent de l'acide carbonique comme font les animaux. — D'où cette conséquence bizarre, que le gaz nécessaire à la vie des plantes, l'acide carbonique aurait été, tout au commencement, un obstacle absolu à leur première évolution qui demandait de l'oxygène. — Les végétaux ont dû, par conséquent, être créés adultes, tout venus ! — Or, les athées eux-mêmes reconnaissent que cet effet surpasse le pouvoir des agents physico-chimiques. L'existence des végétaux prouve l'intervention d'une cause supérieure à la nature.

2° L'alimentation du germe n'est pas un phénomène spontané, elle est l'œuvre des microzymas (Béchamp).

Les plantes ne seraient donc pas les premiers êtres vivants, les microzymas les auraient précédées. Et puis, comme les produits végétaux qui en résulteraient, sont d'une variété infinie, il faudrait des milliards de microzymas ou germes, de propriétés différentes, appropriés aux besoins d'une infinie variété de plantes. — Cette harmonie des infiment petits avec la nature vivante et si compliquée, tout cela peut-il être le résultat fortuit d'un peu d'albumine coagulée, tel que le microzyma ? C'est faire injure à la science autant qu'au bon sens de le penser.

Ces germes, ces infiniment petits, sur lesquels les positivistes fondent si malencontreusement l'origine primitive des plantes, n'ont rien de commun avec les semences proprement dites, le grain de blé, le gland ; et ils se gardent bien d'en faire le rapprochement. La graine, elle, contient tout ce qu'il faut pour le départ de la plante, mais une graine particulière pour chaque espèce de plante et sur laquelle elle est née. C'est un *germe* plus *son aliment* ; ce germe vivant est perdu dans des hydrates carburés et des albuminoïdes accompagnés de quelques sels minéraux pour son développement et de carbone, sans compter l'azote de l'atmosphère. La graine est une merveille, c'est une plante.

Si, cédant à l'évidence, vous avouez qu'au commencement la plante a reçu la vie du Créateur, oserez-vous dire que l'homme et l'animal aient pu se passer de ce don divin?

## Considérations générales sur la cellule et les infiniment petits vivants, et sur le mouvement vital.

### LA CELLULE

La division extrême des corps (plante, animal), est la cellule (cavité), insaisissable en ce sens que le microscope y découvre des cavités de plus en plus petites dans les parois des cellules connues, et cela indéfiniment. C'est le vide sans fin. Et c'est sur cette inconnue mystérieuse que les naturalistes positivistes étaient leurs raisonnements sur la structure des corps vivants.

La cellule est une tunique de substance granuleuse et transparente, dans laquelle nage un noyau enfermant un nucléole. Elle consiste originairement en une gouttelette microscopique de 1 à 3 centièmes de millimètres de diamètre. C'est par cet élément, qui leur est exclusivement propre, que les corps vivants se distinguent du reste de la nature. On veut que ces éléments cellulaires aient, tous et chacun, vie et mouvement. Peut-être, mais alors ils les reçoivent.

Suivant ces Messieurs, dans la cellule il y a :

1° Matière propre de l'organisme;

2° Organisation de cette matière;

3° Fonctionnement de l'organisme constitué.

Organisation qui donne à la cellule sa manière d'être spéciale et même individuelle; et les fonctions qui sont la manifestation de la vie.

Ces trois aspects ont leur racine dans la cellule.

La propriété la plus étonnante de la cellule, de cette merveilleuse inconnue, c'est d'en engendrer d'autres semblables à elle-même, d'où accroissement et multiplicité des êtres. On observe ainsi : génération, régénération, réintégration, car la cellule *s'use par la vie*, et même cicatrisation; sous des aspects du même phénomène des manifestations variées du même agent, le germe, c'est-à-dire la vie. — Ils disent que la cellule *mère*, étant le premier centre, est à elle-même son premier lieu. — La vie de l'organisme et une place déterminée, sont les conditions essentielles pour la multiplication de la cellule; mais les profondes sources de la vie échappent à leurs regards. L'énergie vitale, indépendante du muscle, ne peut être contestée, car le cœur, retiré de la poitrine, continue à battre sous l'influence du sang convenablement préparé. D'où lui vient cette énergie?..,

Après la cellule, ses *agents*, les autres éléments microscopiques, bactéries, etc., microzymas, microbes.

Les animaux commencent dans un milieu organique et se développent au milieu d'éléments organiques.

Le germe de la plante commence également son évolution dans un milieu organique; ce sont les matériaux contenus dans la graine. Mais la graine elle-même peut germer et provoquer les phénomènes vitaux dans un milieu minéral (mort); et le germe devenu plante n'a plus besoin que d'aliments minéraux. Le cultivateur le sait bien.

Certains disent, sans le prouver, qu'une matière organique et plastique est nécessaire à la vie de tout organisme, comme le lait, le sang, pour les animaux.

Mais la physiologie actuelle (l'étude du corps vivant),

disent les matérialistes, est arrivée à la conviction monistique (d'une substance matérielle unique dans l'univers), que l'ensemble des phénomènes vitaux sont des *actes* purement physico-chimiques et aussi intimement liés à la formation matérielle spéciale de la plante et de l'animal que toutes les propriétés d'un cristal (minerai) le sont à sa condition matérielle. Assertion purement gratuite.

Pour définir la vie dans la Nature, on a donc rejeté, comme je l'ai dit, ces vieux principes : vitalisme et animisme, définis plus haut ; et l'on s'est rabattu, en l'exagérant, sur le rôle des infiniment petits ; les microzymas, petites sphères albuminoïdes, sont l'essence de la fermentation. Ces ferments empruntent à la matière susceptible de fermenter, les éléments qui lui permettent de se développer. C'est le dédoublement d'une substance organique sous l'action des ferments vivants. C'est du reste par la fermentation que s'explique la présence des microzymas dans la nature. La craie en est remplie et la craie forme une grande partie du sol de l'Europe (calcaire). Là ils sont vivants, ils y sont en léthargie. Ils sont une preuve de la persistance incroyable de la vie. — Vous savez qu'on a fait germer des grains de froment renfermés depuis trente siècles dans des tombes royales d'Égypte, et qu'on en a obtenu des brins de blé et des épis.

Le rôle des ferments est donc important, indispensable dans la nature. Mais entendons-nous bien : la réalité embrasse nécessairement les *substances* et leurs *modifications*, deux choses que l'on confond malheureusement. Il y a cette différence absolue que les substances persévèrent, à elles-mêmes, et que leurs modifications naissent et périssent tour à tour. — Telle est l'ancienne doctrine que rien n'a encore infirmé. — Ces modifications, formes, vie, développement, etc., apportées par les agents divers vivants, ne sont rien en dehors de la substance qui en est le siège, l'objet, ne sont que des abstractions, des entités verbales, des fantômes, comme dit Taine; mais, lui, n'admet que cela en niant toute substance, matière et esprit. En général, la science moderne proclame la réalité et l'éternité de ces agents vivants ainsi que de la matière. Vous en voyez la conséquence : si tout l'ordre matériel n'a pas eu de commencement, pas de création divine.

Les substances organiques ne sont pas altérables par elles-mêmes; il faut la présence des ferments vivants. Grâce à ceux-ci, aux agents physico-chimiques, l'altération est continuelle, la chaleur aussi, etc. Le microscope n'est pas un instrument infaillible pour l'étude de l'évolution des microzymas, il fait voir la vie surgir là où elle se développait déjà : les cellules de la levure de bière, par exemple, sont une simple création des microzymas, c'est-à-dire d'être vivants eux-mêmes.

Parce que la fermentation, en général, développe des fourmillières d'êtres dans des milieux appropriés, on veut que ces ferments ou germes aient été dès le commencement en nombre infini et infiniment diversifié, de façon à donner naissance à une diversité indéfinie d'êtres avec leurs formes particulières, leurs qualités et leurs propriétés individuelles. De là un chou, un cèdre, un poisson, une fourmi, un homme, un éléphant. Tout cela serait dû, par évolution, à une bulle d'albumine fermentescible dans un milieu organique ou même minéral!

Tenons nous en donc à l'explication simple et vraie de M. Longet : les minéraux, dit-il, sont le réservoir où les plantes puisent la matière qu'elles élaborent. Les animaux se nourrissent de composés chimiques et organiques par les plantes, puis les rendent plus ou moins directement au réservoir général.

Voilà le lien intime qui unit l'ordre de dépendance des trois règnes : minéral, végétal et animal.

Transportez au règne minéral les fonctions de produire des composés organiques, vivants, les plantes n'ont plus de raison d'être, ou plutôt le monde entier devient une plante gigantesque, ce qui contredit le bon sens et l'expérience.

Allons, le bon sens veut que la *forme* de l'être, ou plutôt l'être lui-même, soit dûe au principe vital, à la vie préexistante, qui a une origine d'au-delà de la nature; la réaction du ferment sur la cellule n'y peut rien.

Passons au grand phénomène du

### MOUVEMENT VITAL

Le mouvement moléculaire ou cellulaire est extérieur ou intérieur.

Extérieur, comme celui d'une bille sur un billard.

Intérieur ou latent, consistant en certaines vibrations moléculaires, qui ne sont autres que de la chaleur.

On dit aussi que le mouvement naît du mouvement, que de plus le mouvement latent peut se transformer en mouvement extérieur et réciproquement. On dit que le mouvement se transforme en chaleur, la chaleur en mouvement. La vapeur d'eau pousse le piston. Le sauvage enflamme un morceau de bois sec où il fait tourner avec rapidité la pointe d'un bâton. — On dit qu'une quantité donnée de chaleur produit une certaine quantité de mouvement mécanique; celle-ci, transformée à son tour, reproduit exactement la première quantité de chaleur. — Conclusion : la somme totale de mouvement existant dans l'univers est constante; les plus audacieux disent éternelle.

Deux exemples :

1° En moyenne, l'homme développe par jour 3250 calories, c'est-à-dire la chaleur capable d'élever 3250 kilogr. d'eau de 0° à 1°, ou de faire bouillir 32 kilogr. d'eau prise à la température de glace fondante. Cette chaleur, convertie tout entière en travail mécanique, pourrait soulever un poids de 3250 kilogr. à 425 mètres de hauteur..... Mais, ajoute l'auteur que je cite, l'homme qui aurait achevé une telle besogne, supposé qu'elle fût possible, ne serait plus qu'un gros glaçon.

2° Sait-on, dit le *Correspondant* (septembre 1903), le travail énorme qu'accomplit notre cœur pendant l'existence? Pratiquement, le cœur est une pompe de quinze centim. environ de haut sur dix centim. de large. Or cette pompe fonctionne, chez un sujet sain, environ 70 fois par minute, 4.200 fois par heure, 100.800 fois par jour, 36.792.000 fois par an, et 2.575.440.000 fois en 70 ans.

A chacun de ses battements il lance en moyenne une centaine de grammes de sang dans la circulation ; 7 litres par minute, 420 litres par heure, ou 10 tonnes par jour. Tout le sang du corps, qui est approximativement de 28 litres, passe toutes les trois ou quatre minutes à travers le cœur. Ce petit organe déplace chaque jour une énergie mécanique susceptible d'élever 46 tonnes à un mètre de hauteur. Pendant 70 ans de vie d'un homme, cette merveilleuse petite pompe, sans un moment de répit ni jour ni nuit, débite l'énorme masse de plus de 250,000 mètres cubes de sang !

Mais comment la force vitale produit-elle la contraction des fibres musculaires? Comment se fait-il que les nerfs puissent à volonté accélérer ou ralentir la conversion de l'énergie latente en énergie active? — Tout se borne à dire que la sensation, la perception, la pensée même sont accompagnées de modifications locales du système nerveux avec des combustions analogues à celles des muscles. — Il faudrait ajouter qu'elles les causent.

« Les causes mécaniques des mouvements, des phé-
« nomènes de mouvements particuliers, par lesquels les
« organismes (êtres vivants) et les substances minérales
« (mortes) se différencient, et que l'on appelle en un
« sens restreint *la vie*, ces causes, disent les matéria-
« listes, reposent dans les propriétés spéciales physico-

« chimiques du carbone, et surtout dans sa fluidité et « dans l'instabilité des composés carbonés albumi- « noïdes. » — Tout cela, prétendent ils, s'explique par les simples lois du mouvement, sans recours à aucun principe immatériel ou divin. La *contractilité,* dernière raison des phénomènes de vie chez l'animal, c'est-à-dire chez l'homme.

Cette théorie est fort simple, pensent MM. Dubois-Raymond et Buxley, et elle semble d'autant plus *scientifique.* Comme s'il suffisait qu'une chose fût simple pour être scientifique. — Pourtant, ajoute Buxley, elle ne sera jamais démontrée. — Parbleu! — On délaisse donc la recherche des causes au lieu de les résoudre; et le monisme serait l'expression légitime de la science?

« Ce mouvement, cette propriété évolutive de l'œuf « (germe) qui produirait un mammifère, un oiseau, un « poisson, n'est ni de la physique, ni de la chimie, dit « Claude Bernard; l'observation manifeste des actions « chimiques dominées par une force impulsive. » — Attention, nous tombons là dans la métaphysique, dans le domaine de la raison, qui dit que des effets réels réclament impérieusement des causes réelles. La raison ne veut pas qu'un chef de gare conduise ses locomotives du fond de son cabinet, par la force de l'imagination. — Il faut, dit l'anglais Murphy, pour expliquer les problèmes de l'organisation physique (vie des corps) reconnaître une *intelligence* organisatrice au-dessus et en dehors des lois générales de la matière. L'organisation matérielle est en définitive l'œuvre très réelle de l'intelligence, ou plutôt des lois qu'elle a établies, de l'intelligence qui a à son usage les matériaux doués de propriétés physico-chimiques; comme l'architecte utilise les propriétés naturelles des pierres, des ciments, du bois, du fer. — Le protoplasma (matière élémentaire) et les cellules ont leur action propre, qui peut continuer dans un milieu relativement favorable, même quand l'action est contrariée ou interrompue, ce qui explique les monstruosités des fœtus.

Il y a mouvements conscients et inconscients. Deux faits :

1° Transformation de la chaleur en travail;

2° Direction de cette transformation par ma volonté.

Si la transformation relève des mathématiques, l'action de la volonté y échappe essentiellement. — L'œuvre du mathématicien se résume dans des formules, c'est-à-dire dans l'expression de rapports constants.

Tandis que la volonté a pour caractère propre l'inconstance, la liberté. — Mais, dira-t-on, que devient l'assertion en vertu de laquelle la quantité de la force serait *immuable* depuis l'origine du monde? — Mais, c'est un rêve. — En tout cas, que voulez-vous que j'y fasse, si une telle contradiction est appuyée sur les faits?

Et, dit M. Bence Gones, l'action du principe qui gouverne le corps vivant, n'est pas de l'ordre mécanique (mathématique), n'est pas *soumis* aux transformations du corps vivant.

De son côté, M. A. Goult, président de l'Association américaine pour l'Avancement des Sciences, dit : la force peut être guidée et dirigée, contrainte d'agir sous telle ou telle forme, sans l'emploi d'une autre force pour cela : la force musculaire est dirigée par la *volonté* qui règle la force sans la dépenser. Un principe intelligent peut être la cause immédiate de phénomènes dont il n'a pas conscience. L'âme intelligente et sensible préside à l'évolution inconsciente du corps vivant. — On ne peut mieux dire, c'est la vraie réponse.

Aussi, il n'y a pas moyen de comprendre M. Dubois-Raymond, disant que la pensée peut naître de la combinaison (mathématique!) d'un certain nombre d'atomes de carbone, d'hydrogène, d'azote, d'oxygène, etc.; comment expliquer par là la douleur, le plaisir, la sensation du doux, de l'odeur, de la couleur, le son de l'orgue, et cette *certitude* qui en découle non moins directement : *donc je suis?*

Le matérialiste Tyndal observe que l'association des phénomènes de conscience avec un état moléculaire du cerveau est un fait de la nature. Sans doute. Mais il confesse qu'un abîme, qui existe entre ces deux classes de phénomènes sera toujours infranchissable.

Ce savant paraît ne pas s'apercevoir qu'à côté de l'enseignement de la physiologie, de l'étude du corps vivant, de la fonction de ses organes, il y a l'enseignement de la conscience de tous les hommes, bien plus autorisé, parce qu'il est bien plus sûr et à la portée de tous. — La conscience, cette vue intérieure, découvre dans la vie deux caractères tout opposés à ceux que nous donne la physiologie, ce sont : la simplicité et l'existence indivise. — Quiconque est doué de conscience, dit : *moi*, et par là il désigne quelque chose de souverainement vivant, *indivisible*, qui n'est pas autre dans les cellules du cerveau, et autre dans les cellules des mains, des yeux, des divers organes. En nous il n'y a pas autant de *mois* que de cellules, il n'y en a pas des milliers, il n'y en a pas deux, mais un.

D'après les matérialistes physiologistes, les molécules du cerveau s'usent et disparaissent pour se renouveler à mesure que les mots tombent de la bouche ; comment donc les idées se raccrocheront-elles aux idées, si les molécules qui périssent sont tout ? Un peintre, dit M. de Bonniot, réussirait aussi bien à peindre sur la surface d'un torrent. — Les phénomènes physiologiques (du corps vivant) ont pour caractère d'être fractionnés à l'infini en eux-mêmes et en durée. Au contraire, les phénomènes de conscience reposent sur un fond qui exclut absolument toute division en lui-même et en durée.

Les phénomènes physiologiques de la matière vivante et ceux de la conscience reposent sur un fond essentiellement différent : les premiers ont la cellule pour base;

donc les autres ont pour base quelque chose de distinct de la matière et de ses lois, et ce quelque chose est appelé Ame ou Esprit.

Insistons, cela en vaut la peine : Ces cellules, qui se consument en agissant, montrent avec l'évidence la plus éclatante qu'elles ne peuvent être le principe des phénomènes de conscience. — Cette vérité éternelle, deux et deux font quatre, reposera-t-elle sur ce terrain fuyant des cellules ? — Ainsi, du côté du sujet, de l'être pensant, une adhésion ferme et constante à $2 + 2 = 4$, et du côté de cet objet, $2 + 2 = 4$, une nécessité absolue de cette vérité. Faites cadrer ces conditions du sujet et de l'objet avec un cerveau dont les cellules se fondent perpétuellement ; l'adhésion ferme et constante s'effondre avec ces cellules qui se dérobent par dessous ! — Cette vérité $2 + 2 = 4$ n'existe pas par elle-même, puisqu'elle n'est qu'une abstraction, il lui faut bien un siège, il faut bien qu'elle soit quelque part, ou elle n'existerait pas pour nous. — La matière sans l'esprit est un tissu d'absurdités.

Pour en finir avec le mouvement vital : le mouvement mécanique reçu est rigoureusement égal au mouvement donné, tout mécanicien sait cela. D'un autre côté, il est certain que la connaissance s'accroît à chaque instant dans la même tête, pas un maître n'y contredira ; ces connaissances, journellement croissantes, ne seraient donc que des mouvements journellement accumulés dans le cerveau ? — Vous savez, ces mouvements seraient de la chaleur, ou des mouver [illegible]s mécaniques. Qui sera assez fou pour s'imaginer que la chaleur latente de ses molécules cérébrales augmente en proportion des connaissances nouvelles qu'il acquiert ? Que, par les procédés ordinaires de la physique ou de la chimie, par la combustion, il se dégagerait de la cervelle d'un vieillard une quantité de calorique plus grande que de celle d'un enfant ? Puisque le mouvement reçu est rigoureusement égal au mouvement donné, quels mouvements désordonnés dans nos pauvres cervelles !

Il est évident, dit l'illustre Gavarret, que vouloir chercher dans les sciences physico-chimiques l'explication complète de toutes les fonctions de l'économie est une tentative insensée. — Et Huxley finit par avouer que la production de la vie par la matière minérale (physico-chimique), car ils sont bien obligés d'en venir aux réactions chimiques des minéraux, c'est leur suprême étape pour la formation des protozoaires (êtres primitifs vivants), que ce grand phénomène n'a aucun moyen de prendre dans la science.

Et dernièrement, le matérialiste Fouillée et Paul Bert lui-même ne pouvaient s'empêcher de reconnaître au fond du cerveau l'existence d'une mystérieuse inconnue, d'un « X » fatal qui échappe à toutes les recherches !

De par la science donc, nécessité de reconnaître, dans les phénomènes du mouvement vital, une cause première au-dessus de la nature, ou de se réfugier dans l'absurdité du néant.

Mille fois non, aucune solution des problèmes sur l'organisation moléculaire, protoplasma, cristallisation, etc., des corps vivants, ne peut être satisfaisante, si elle ne reconnaît une intelligence organisatrice au-dessus et au dehors des lois générales de la matière. — L'intelligence inconsciente, qui préside à la formation des tissus corporels, est la même qui devient consciente dans l'esprit. Seulement, comme le pressent M. Goult, l'intelligence ne les produit, ces tissus, qu'en livrant des forces aveugles aux lois qu'elle leur a *imposées*. — Il n'est pas nécessaire que la force qui règle immédiatement le jeu des forces physico-chimiques, sache ce qu'elle fait, il suffit qu'elle le fasse.

Ce n'est pas à l'étourdi que je dis : *lois imposées*. Je ne connais rien de plus obsédant, de plus ahurissant que cette sempiternelle guitare, *les lois de la nature*. Messieurs les matérialistes, ô dilettantes tombeurs de l'Esprit, vous seriez bien aimables de dire à vos admirateurs qui a édicté ces lois, régulatrices du monde physique? — On parle bien un peu de la loi de Moïse, des lois de Lycurgue, de la loi du Sauveur, du code Napoléon, de la loi intangible de J. Ferry, de la loi de Waldeck-Rousseau, et des décrets Combes; mettez donc, vous aussi, un nom à ces lois naturelles sacro-saintes que nous étudions tous. — Si vous rougissez toujours d'en nommer l'auteur, il rougira de vous un jour.

M. Combes, ce type du Renégatisme, ce pourfendeur impavide de capucins et de bonnes sœurs, chargé par la congrégation maçonnique d'inculquer par la force ses erreurs à la génération actuelle, M. Combes n'a pu toujours se défendre de confesser l'Esprit, auteur de ces lois. — En février 1903, en plein Sénat, il s'est dit spiritualiste et il a proclamé la *nécessité* de la morale religieuse! — Que voulez vous, dans sa jeunesse, M. Combes avait fait des études théologiques; il avait abordé cette « science des sciences » que ses maîtres ignorent et veulent ignorer, cette science qui, d'après ces faux savants, n'est bonne qu'à atrophier l'intellect. — Ce coup de tête a failli le précipiter des sommets du pouvoir, mais il s'y est vite raccroché par une plate rétractation.

A propos de mouvement, un mot rapide sur la GRAVITATION (tendance motrice des corps, des uns vers les autres).

Fin XVIIe siècle, Newton a découvert la loi de la gravitation, non sa cause : « Je n'ai pu encore réussir à « déduire des phénomènes observés la raison de cette « gravitation; je ne forge pas des hypothèses (*hypotheses* « *non fingo*). » — Dans une lettre à Bentley, il dit : « La « gravitation doit être occasionnée par quelqu'impulsion « qui agit d'une façon continue et d'accord avec certaines « lois; je laisse à mes lecteurs le soin de juger s'il s'agit « d'une impulsion matérielle ou *immatérielle* (divine). »

Et depuis Newton, pas un pas de fait là-dessus. Il dit bien à Boyle : C'est dans l'éther (véhicule de phénomènes tels que chaleur, lumière, électricité, etc.), c'est dans l'éther que je cherche la cause de la gravitation. Et depuis Newton, toutes les recherches expérimentales n'ont abouti qu'à de simples affirmations sans preuves, elles restent vaines. Ce qui désormais prouve suffisamment que la cause de la gravitation introuvable n'est pas d'ordre matériel, qu'elle vient de Dieu, cause première de tout mouvement.

La science moderne, purement expérimentale, ne peut arriver à Dieu, qui échappe à toute expérience matérielle. Aussi, elle range cette grande question du mouvement des astres dans les causes irréductibles insaisissables et elle se contente de dire : la terre tourne parce qu'elle tourne! Dans cette question, *matériellement* insoluble, elle ne veut pas s'arrêter à cette claire vue de Dieu, cause première du mouvement, parce que l'orgueil, ce maître sot, lui colle son bandeau sur les yeux!

Après la cellule, les infiniments petits et le mouvement, passons, pour terminer cette étude, à

## LA FORCE ET A L'ABSOLU

Les savants ont donc décrété qu'il ne faut admettre comme fondement de nos connaissances que la matière visible, sensible, informée, modifiée, transformée à l'infini par des forces que dirigent certaines lois éternelles.

Ils ne reconnaissent comme réel que ce qui frappent les sens.

Comme ils s'abusent ou veulent nous abuser.

Car enfin, que voient-ils, qu'est-ce qui frappe nos cinq sens?

Dans la nature il y a :

La matière, des forces, des lois et au-dessus l'Absolu.

Leurs sens ne sont atteints que par la matière seule, qu'ils ne peuvent définir Ils disent bien qu'un corps est ce qui a les trois dimensions : hauteur, largeur, épaisseur, avec quelques propriétés telles que le poids, la couleur, une densité quelconque, etc. Mais est-ce bien là définir exactement et complètement la matière? Ils en reconnaissent l'impossibilité, la cellule étant le vide indéfini.

Forces et lois : Voient-ils, touchent-ils, flairent-ils, goûtent-ils, entendent-ils ces choses-là? Jamais de la vie.

De ce côté si important, voilà donc en défaut leurs seuls moyens d'investigation, les cinq sens.

Lois : J'en ai assez parlé. Quelle qu'elle soit, une loi est l'expression de la volonté de quelqu'un assez intelligent et assez puissant pour l'imposer. C'est l'évidence même. Cherchez bien en vous et en dehors de vous, vous ne découvrirez nulle part une loi sans législateur. Le contester c'est se moquer.

Forces : Ne cherchez pas la force dans la matière, en tant qu'innée, inhérente à l'atôme matériel; l'école enseigne que la matière est inerte, sans force toute seule. Il est donc clair que la matière reçoit d'ailleurs la force qui, de rien, en fait quelque chose. — Une preuve éblouissante de clarté entre cent : le physicien, le chimiste, l'ouvrier, donnent à la matière, bois, métal, les forces qu'ils veulent; si elle les possédait naturellement serait-ce la peine de les lui passer?

Un courant électrique répand la foudre, comment? L'homme a communiqué à une petite quantité du fluide électrique qui remplit l'univers, la force de vibration.

Une l omotive est un engin puissant, si l'homme lui donne la force de mouvement qui la met en branle. Abandonnée à elle-même, elle ne fera pas pour un sou de travail. Et même elle disparaîtra peu à peu, dévorée par la rouille, c'est-à-dire consumée par une force énorme, l'affinité chimique, communiquée à l'oxygène de l'air.

Avec une peu de poussière minérale sans valeur, fondue et martelée, l'ingénieur obtiendra un axe de frégate, etc.

Mais la force, considérée en dehors de toute substance (substratum), n'est évidemment rien dans la nature; elle est purement métaphysique, c'est une pensée fugitive, une possibilité. En est-il autrement de la forme, de la couleur? Otez par la pensée à une fleur sa substance, ses pétales, que deviennent sa beauté, ses nuances brillantes? Plus rien! Mais la force unie à la substance est la reine du monde.

Puisque la matière ne possède par elle-même ni force, ni forme, ni mouvement, qui lui procure ces phénomènes qui font sa splendeur? Un Être nécessairement, puisque l'être seul peut agir. Ils sont causés par la volonté d'un être intelligent et puissant planant au-dessus de l'ordre matériel et sensible.

Il plait au matérialiste de repousser cette cause en reniant Dieu; mais a-t-il essayé de prouver que cette cause n'existe pas? Jamais.

La force est le plus merveilleux levier de l'Esprit; elle lui appartient, à lui seul. L'Esprit en use sans cesse pour animer l'univers, comme l'ouvrier anime tout dans son modeste atelier. Et la plus belle des forces à l'usage de l'Esprit, c'est la vie.

La force est la manifestation de tout acte intellectuel, c'est l'Esprit en acte. Dans la nature sensible, la force émanée de l'Esprit s'accuse par la vie et par le mouvement d'une intensité si variée; l'Esprit seul dispense la force dans l'ordre matériel, intellectuel et moral.

Dans le corps : l'Esprit bouleverse l'économie physique, imprime une activité instantanée à mon bras, à tous les organes.

Dans l'intellect : ne dit-on pas une forte intelligence, un esprit fort, un puissant génie? Et ce langage part d'une conviction profonde, innée; on sent que c'est vrai.

Au moral (dans le cœur) : Vous savez bien que le mot

*vertu* (virtus) veut dire force. Quel poète n'a pas chanté la force de l'âme, la force de l'amour et de toutes les passions?

La force, Dieu en fait ce qu'il veut, l'homme la dirige par la raison, et l'animal par l'instinct. Dans la nature, la force obéit aux lois que lui a dictées une volonté suprême.

De l'Esprit découle la force motrice universelle!

De notre temps, des manifestations aussi nombreuses qu'étranges, obtenues par de prétendus savants qui se disent spirites, jettent un jour éclatant sur les forces exercées par les esprits. Ces phénomèmes indéniables ne contribuent pas peu à discréditer irrémissiblement l'école matérialiste.

Chose vraiment stupéfiante : le savant moderne ne voit, abstraction faite de la substance, ni forces, ni formes, ni couleurs, ni lois, et même il ne voit qu'imparfaitement la matière, mais il croit fermement à toutes choses, et il a raison d'y croire ; et, seulement par ce qu'il ne voit pas l'Esprit, il ne veut pas y croire. O, s'écrie M. de Bonniot, que la science est ridicule, quand elle n'est pas sage!

J'ai dit : Volonté suprême ; c'est l'*absolu* en philosophie comme en théologie.

Que veut dire l'absolu? l'Être libre de tout lien, indépendant de toute condition.

Il est admis que dans la nature tout se tient, tout est dépendant, contingent : la plante, l'animal, l'homme, pour vivre ont besoin d'air, de chaleur, d'humidité, de lumière, ils en dépendent, etc. Tout tient à cent causes. Néanmoins tout ce monde marche régulièrement comme les rouages compliqués d'un mécanisme savamment constitué. Et pourquoi? De toute évidence, au-dessus de la nature règne et commande un Être absolu, indépendant du temps, de l'espace, d'une force ou autorité quelconque. S'il rencontrait en son chemin quelque obstacle, quelque arrêt dans ses actes incessants et nécessaires, ce serait le désordre universel, le chaos. — Non, disent les matérialistes, l'ordre général n'est pas le fait d'un Être absolu, mais de lois et de forces nécessaires, éternelles et absolues ! — Mais, c'est se payer de mots ; puisque ces grandes choses, lois et forces, non ajoutées à la substance, matière ou esprit, abstraites de l'être vivant et agissant, ne sont que de simples idées ou vues intellectuelles, sont non des réalités agissantes, mais des possibilités, n'existent pas ; ce ne sont que les manifestations d'une volonté, ou, si vous voulez, les *moyens* d'action d'un Être au-dessus de tout, par là même absolu. Et ce ne seront pas vos grands mots creux, messieurs, qui nous feront prendre le change, et regarder comme une simple facétie philosophique cette vérité plus claire que la lumière du jour. — M. Littré a fait rire quand il a dit : l'absolu c'est le relatif ; aussi bon dire : être, c'est n'être pas ! — La nature, c'est le relatif, et son maître, l'absolu.

Que faites-vous, en donnant à ces grands phénomènes naturels une nécessité imaginaire et aveugle ? Dans le gouvernement de la machine universelle, à la place d'un être infiniment intelligent et tout puissant, vous mettez quoi ? la fatalité, c'est-à-dire un *idiot !* Et vous ne vous moquez pas de nous ?

Ne vous souvenez vous pas que la franc-maçonnerie, avant de sombrer piteusement dans le positivisme, confessait, parlait avec fracas du grand architecte de l'Univers ? Mais aujourd'hui, cette secte toute puissante, grâce à nos défaillances et à nos sottises, s'est faite le champion du renégatisme officiel, par une guerre implacable à Dieu et à son Église. Ils ne savent donc pas, ces malheureux, que « la religion ne les menace pas, mais qu'elle leur manque » ! (1)

(1) Guy de Maupassant, dans les *Sœurs de Rondoli :*
« Mon oncle était franc-maçon. Moi, je déclare les franc-

Pour en finir; j'aime mieux l'origine du monde par Ovide, contemporain de César; permettez-moi la traduction mot à mot, d'une dizaine de vers de ce grand poète :

« Les astres et les dieux *(formæ deorum)* occupent le « parquet céleste *(solum)*.

« La terre reçoit les fauves *(feras formas)*.

« Les ondes devenues habitables se peuplent de bril-« lants poissons *(nitidis)*, et l'air mobile, d'oiseaux.

« Un animal plus noble que ceux-là, capable d'un « esprit élevé, manquait encore, qui pût régner sur les « autres (êtres); l'homme est né; soit que le fabricant « des choses *(ille opifex)*, principe d'un monde meilleur, « l'ait fait d'une *semence divine*; soit que la terre récente, « sortie naguère de l'éther sublime, en ait rapporté la « semence du ciel où elle était perdue (chaos), ou que le « fils de Japhet, Prométhée, l'ait fait à l'*image* des dieux, « directeurs de tout *(moderantum cuncta)*.

« Quand les autres animaux s'inclinent vers la terre, « il a donné à l'homme un front altier pour se porter « vers les cieux. Ainsi jusque là fruste et dépourvue « d'êtres, la terre, après d'heureux changements, est « devenue le séjour de l'homme, etc. »

Que cet exposé de la création n'ait pas la précision de la Genèse, que ce ne soit qu'une fiction, elle distance infiniment la fable ou fiction, prétendue scientifique, de

« maçons plus bêtes que les vieilles..... (je passe le mot.) « C'est mon opinion, et je la soutiens. Tant qu'à avoir une « religion, l'ancienne me suffirait.

« Ces nigauds ne font qu'imiter les curés. Ils ont pour sym-« bole un triangle au lieu d'une croix. Ils ont des églises qu'ils « appellent des loges, avec un tas de cultes divers : le rite « écossais, le rite français, le Grand Orient, une série de bali-« vernes à crever de rire. — Ah oui, vous êtes des malins! — « Si vous me dites que la franc-maçonnerie est une usine à « élections, je vous l'accorde; qu'elle sert de machine à faire « voter, je ne le nierai jamais... »

la sortie de l'homme de l'invisible bulle d'une cellule ou d'un risible microbe. Avec cela encore que la prose vague et pesante d'un pseudo-savant de notre temps, sur l'origine de l'homme, ne cadre guère avec la poésie d'un Ovide ou d'un Moïse. Il faut des ailes au génie qui célèbre l'un des plus grands bienfaits de Dieu, il demande un chant sublime de reconnaissance et d'amour. Le scepticisme glacial et pédant d'un savant contesté restera toujours au-dessous d'une tâche qui défie toute recherche expérimentale.

## Conclusion

Elle se trouve implicitement à la fin de chaque article de cet opuscule.

La vie est le plus splendide phénomène de la nature, c'est une force immense qui a arrêté les regards des savants de tous les âges. Au siècle qui vient de finir, la science impie a fait l'impossible pour en dénier le don au Créateur et lui attribuer une origine physique et perdue dans l'éternité. Comme conséquence, pas de création, pas d'œuvre divine, pas de Dieu, maître de l'Univers. L'échec de ce grand effort scientifique a été lamentable ; la science s'en est tenue à des affirmations téméraires sans rien prouver contre la création divine. Son athéisme était et demeure un rêve criminel, sacrilège. La vie reste le don le plus resplendissant de la bonté divine.

Qu'on n'oublie pas que l'erreur enseignée est pire que l'ignorance.

L'école sans Dieu est une calamité publique ; on ne l'impose que pour l'anéantissement de toute religion révélée. On ne s'en cache plus; la presse ministérielle le dit ouvertement, et un des maîtres les plus en vue, M. Aulard, professeur à la Sorbonne, écrivait (août 1903) : « Nous voulons détruire la Religion ». — Son journal sommait le ministère d'y procéder hardiment « sans hypocrisie, sans réticence et sans équivoque »! Désormais la destinée de l'homme sera de se borner : à boire, manger, digérer et travailler, jusqu'à l'enfouissement. C'est la seconde conclusion.

Ma tâche est finie.

Je crois avoir démontré que, contrairement à l'enseignement officiel, la vie dans la nature est un don du Dieu vivant. « Je suis la voie, la vérité et la *Vie* » par qui tout a été fait.

Mais puisqu'il me reste un peu d'encre et du papier à noircir, soyez assez indulgent pour m'entendre encore quelques minutes. Je sais bien que j'abuse de votre patience; mais rassurez-vous, c'est pour longtemps!

Vous condamnez la Foi au nom de la science expérimentale. L'heure est bien choisie, quand les bases de cette science oscillent à chaque nouvelle découverte. Votre science, loin d'être la possession complète, indiscutable à tout jamais, comme l'arithmétique, des connaissances d'ordre matériel, n'est qu'un ensemble de découvertes incessantes, mais trop souvent contradictoires des œuvres mystérieuses du créateur, dont bon nombre admises hier, demain contestées.

Lisez dans la *Revue des Idées*, janvier 1904, rédigée par une pléïade de savants, des membres de l'Institut, etc., ce gémissement naïf : « Au moment où nous nous « croyions arrivés à une certitude, où les lois fondamen- « tales du monde physique et du monde chimique sem- « blaient définitivement établies, où l'un de nos plus « *éminents* savants (je gage qu'il s'agit de Berthelot) se « hasardait à déclarer que : il n'y a plus de *mystères dans* « *la nature*; il a suffi que quelques décigrammes d'un

« corps nouveau, le radium, aient été extraits d'un mine-
« rai de Bohême, pour remettre en question les fonde-
« ments mêmes de l'édifice scientifique ». (Georges Bohn).
— Pour un cri du cœur, c'est un cri du cœur!

Que se passe-t-il donc?

Depuis quelque temps, la science s'arrête aux phénomènes de lumière, en passant de surprise en surprise.

On connait actuellement un très grand nombre de rayons lumineux presque tous invisibles.

On savait déjà par Newton que la lumière du soleil se décompose par le prisme en un grand nombre de rayons jaunes, verts, bleus, indigo, violets. Et même chaque corps simple, volatilisé au feu de l'arc électrique, donne, au prisme, des rayons de nuance différente (Demarçay). Plusieurs de ces rayons invisibles à l'œil, dits *lumière noire*, traversent la matière opaque, une planche, une plaque mince de cuivre, pour aller, au-delà, impressionner une plaque photographique, y imprimer l'image nette d'un corps logé, perdu dans une substance quelconque. C'est la découverte du professeur Rœntgen. Cette photographie s'obtient avec les rayons invisibles de la lumière ordinaire à l'aide d'un courant électrique. Ces rayons Rœntgen (X) traversent les métaux, le papier noir, la chair. On sait de quelles applications elle est l'objet en chirurgie.

Ce n'est pas tout. Des métaux, tels que l'uranium, le thorium, le barium, le polonium, le radium, dits radio-actifs, émettent, par *eux-mêmes*, des rayons qui pénètrent toute matière non transparente à l'œil, impriment, en passant à travers toute substance, une image sur la plaque photographique de corps qu'ils rencontrent sur leur passage. Ces radio-actifs émettent, par eux-mêmes, des rayons qu'aucune substance n'absorbe, n'arrête, par leur propre *énergie*, sans aucun secours étranger de lumière ordinaire ni de courant électrique, et, dit-on, pendant un temps indéfini et sans se consumer.

Voilà la grande merveille.

Nous avions les rayons X de Rœntgen, nous avons en plus les rayons Becquerel et les rayons N, en attendant mieux.

Un exemple : voici un porte-monnaie en cuir contenant une pièce de 20 fr. et fer . Je dispose *sous* ce porte-monnaie une bonne plaque photographique. Cela fait, je mets *sur* le porte-monnaie une plaque mince de cuivre, enduite de platino-cyanure de barium ou couverte de lamelles cristallines de sulfate d'uranyle et de potassium. Je recouvre le tout et le pose dans un coin de mon cabinet ou à la cave. Quelque temps après, je retire ma plaque photographique pour la développer ; la pièce d'or s'y trouve nettement reproduite.

Depuis quelques années, les rayons Rœntgen impriment sur une plaque photographique une balle de fusil, égarée dans le bras d'un soldat, etc. Maintenant, au moyen de rayons émis *spontanément* des radio-actifs, on pourrait photographier un bébé, séparé de l'opérateur par une cloison en planches et peut-être en briques, puisque ces radiations traversent toute substance opaque, comme la lumière visible du soleil pénètre à travers nos vitres.

Bien plus, le radium communique par son *énergie* propre, ses propriétés lumineuses aux corps situés dans la même enceinte que lui. (Curie et Laborde.)

Des radio-actifs, tels que : uranium, polonium, actinium, thorium et surtout radium peuvent donner chaleur et lumière, pendant un temps peut-être illimité, sans se dépenser, présume-t-on, pendant des milliards d'années, dit un physicien anglais ; ils possèdent, pense M. Ch. Lagrange, astronome de l'Académie des Sciences de Bruxelles, un mouvement d'une durée indéfinie. Le radium, dit-il, est une machine à mouvement perpétuel. — Hérésie en mécanique.

Le radium, dont les propriétés ont été en partie découvertes par une dame, Mme Curie, se maintient indéfiniment à une température de 1°,1/2 au-dessus de l'air ambiant — hérésie contre l'équilibre de chaleur dans le même milieu.

Transparence parfaite de planches, de plaques métalliques, etc., sous les rayons du radium. — Hérésie en optique.

Nos savants vont loin :

La lueur émise par le radium ou le polonium peut être perçue par certains aveugles. — Quelle promesse !

Au traitement des maladies nerveuses par l'électricité se substituera infailliblement un traitement par le rayonnement des métaux radio-actifs.

Le lupus et le cancer seront guéris par cette méthode.

On tuera par le radium les microbes de la tuberculose (ils n'ont qu'à se bien tenir), en augmentant l'intensité vitale des êtres.

Ce sera la réalisation du rêve grandiose du célèbre physicien Crookes.

On peut espérer, dit M. Georges Bohn, que les substances radio-actives pourront un jour être extraites, en quantité suffisante, de l'écorce terrestre pour suppléer à l'*énergie affaiblie* du soleil. — Hé, hé, ce sera peut-être à propos !

Mais pardon, une parenthèse : dans les temps primitifs on considérait la lumière naturelle comme développée exclusivement par le soleil. C'était faux ; ce que nous appelons, en ce moment, les radio-actifs, existaient, sans nul doute, dans la terre chaotique, avant qu'elle ne fût éclairée par le soleil ; avant le soleil ces substances lumineuses pouvaient très bien éclairer notre globe, ce qui confirmerait une fois de plus l'exactitude parfaite de la Genèse, que repousse la pseudo-science. Que dit la Genèse ?

Premier jour ou époque, Dieu créa la lumière ;

Troisième jour ou époque, Dieu créa les végétaux verdoyants et faisant du fruit. — Pouvaient-ils verdoyer et fructifier sans la lumière ? — La nature fut d'abord éclairée sans le soleil, car seulement le quatrième jour ou époque, Dieu fit deux grands luminaires : le grand luminaire pour présider au jour : *luminare majus, ut præesset diei ;* et le petit (moins grand) luminaire, pour présider à la nuit : *et luminare minus, ut præesset nocti : et stellas.* Le soleil, la lune et les étoiles. — Je livre cette réflexion à la sagacité des amis de la vérité, et je ferme ma parenthèse. — Je poursuis :

Dans la nature, ce que nous voyons de nos yeux n'est presque rien, comparé à ce que nous pourrions voir au moyen des rayons spontanés des métaux radio-actifs.

L'atome radio-actif est un *mécanisme* qui puise, à chaque instant, en dehors de lui-même, l'énergie qu'il dégage. (Dr Dupouy.)

Tout cela est fort bien.

Mais enfin d'où vient cette énergie des radio-actifs ?

On nous dit : « La transparence de la matière opaque, « par la luminiscence invisible de certains rayons, prend « sa source dans le *monde* de l'*énergie.* » Encore un nouveau mot non défini ! — Notez qu'à ce sujet, on ne parle plus des forces de la nature que, on ne sait pourquoi, on nous a toujours présentées comme inhérentes à la matière, comme faisant partie de l'inerte matière. Mais on convient que la source de cette énergie semble tenir du prodige, qu'elle est introuvable. Et l'on avoue que cette énergie, cette merveilleuse inconnue « est en « désaccord flagrant avec les lois fondamentales de la « science, considérées jusqu'ici comme générales ; qu'elle « sape par la base la conception actuelle que nous avons « de la constitution de la matière ».

M. Curie, le vulgarisateur autorisé du nouveau métal, le radium, fait cet aveu qui en vaut cent : « l'émanation « des rayonnements fournis par le radium peut être « considérée autrement que comme un fluide *matériel.* ».

— Hé, oui, monsieur, comme toutes les forces. — Mais enfin, ce qui n'est pas matériel est forcément immatériel, c'est-à-dire spirituel ; toute force ou énergie immatérielle est produite par une puissance immatérielle, car tout phénomène est de même ordre, de même nature que l'être qui le produit. De la puissance immatérielle, spirituelle à Dieu il n'y a qu'un pas ; la science le franchit sans se l'avouer. — Toute vraie science mène à Dieu.

Mais nous n'en arrivons pas là avec la science expérimentale qui tourne la tête à ses adeptes. Et pourtant :

« Pas de doute, s'écrie M. P. Banet-Rivet, dans une revue célèbre, janvier 1904, « qu'on fait une science avec « des faits, comme une maison avec des pierres. Mais « une accumulation de faits n'est pas plus une science « qu'un tas de pierres n'est une maison..... C'est sur- « tout par des hypothèses que la science avance, en « n'étant sûre de rien..... Si on n'admettait comme lois « physiques que des lois absolument démontrées, il n'en « subsisterait guère. Les lois fondamentales de la chimie « sont de plus en plus discutées, ne sont plus regardées « comme intangibles. Les mathématiciens eux-mêmes « ne sont pas absolument sûrs que la somme des trois « angles d'un triangle est égale à deux angles droits. »

Dernièrement, « le plus grand mathématicien d'Europe », M. Poincarré, ne disait-il pas qu'il n'est pas démontré que la terre tourne ? Deux mille cinq cents ans avant lui, du temps de Périclès, le philosophe Parménide avait dit : vous voyez tourner le monde, n'en croyez rien ; je suis sûr, par des raisons logiques, qu'il n'en est rien.

Sans compter que certaines grandes découvertes ont un peu l'air de vieux rajeuni et perfectionné :

Au XII^e siècle, le ministre des rois Louis VI et Louis VII, l'abbé Suger, avait inventé et construit une machine à vapeur. J'ai lu que ce grand homme, effrayé de la révolution que ferait sa découverte, avait ordonné qu'elle fût enfouie dans son tombeau. Retrouvée dernièrement elle a dû figurer à la dernière exposition de Chicago.

Albert le Grand, XIII$^{e}$ siècle, avait construit un automate *doué* de la parole et du mouvement.

C'est encore au XIII$^{e}$ siècle que l'anglais Roger Bacon, regardé comme l'inventeur de la poudre à canon, a pressenti dans ses ouvrages les grandes inventions modernes : « les bateaux sans rameurs, les chars sans attelages, les « ponts sans piles, la navigation aérienne, etc. »

Fulton (1765-1815), l'inventeur du navire à vapeur, expérimenta un bateau submersible ou plongeur. Mais le véritable inventeur des submersibles serait Dubelin ou Leibnitz, au XVII$^{e}$ siècle. Leibnitz a écrit (1671) au duc Jean Frédéric : *In hydrostica*, j'ai trouvé l'invention de Dubelin qui consistait à plonger dans la mer avec un navire et à reparaître à volonté.

En tous cas, ce gros mot tant récriminé de M. Brunetière : « la faillite de la science » ne semble-t-il pas une prophétie ? Car désormais, que penser des bases de la science expérimentale, qui oscillent à chaque nouvelle découverte ? Que cette science est toujours un peu à l'état d'enfance. — Et c'est forts de cette science pleine de *desiderata*, qui fourmille de redoutables inconnues, que vous nous jetez à la face l'outrage d'*obscurantisme ?* Que dans vos ténèbres avouées, vous dédaignez, comme d'ignares élucubrations, les sublimités de la Bible, la doctrine évangélique, le spiritualisme et la théologie catholique ? Refaites donc d'abord votre science bouleversée, et défendez vos conquêtes vacillantes, scientistes orthodoxes, qui ne savez rien avec certitude, au lieu de vous dépenser en vains efforts pour détrôner en nos cœurs l'Auteur divin de toute vraie science.

Pour parler comme Beaumarchais :

Être des êtres, s'il est écrit que la vérité la plus noble, la plus consolante, la plus nécessaire, la plus féconde pour le bien après l'existence, sera toujours combattue ;

si elle ne doit montrer toute sa solidité que par la vigueur des attaques; si l'esprit, le talent, le savoir de ses ennemis sont destinés, en s'épuisant dans la lutte, à la faire briller dans tout son éclat, donne-nous des Lucrèce, des Broussais, des Cabanis.

Mais si, changeant tes décrets adorables, Tu veux prémunir les faibles contre les fascinations de la science et les séductions de la Rhétorique, contre les habiletés de la dialectique et le mépris de l'autorité du bon sens; si Tu veux les soustraire même aux simples et vulgaires attraits d'un langage correct, que tous les serviteurs de la matière soient des Auguste Comte, des Littré, des Taine, des Sièrebois...

Détruire la Foi, sous prétexte d'émancipation, vieux jeu des chambardeurs philosophes, des politiciens arrivistes; on remplace la loi évangélique de liberté égale pour tous dans le bien, par des lois qui assurent aux violents la faculté de se mouvoir dans l'arbitraire et l'oppression contre la masse désarmée des croyants; on fonde la tyrannie légale du malfaiteur repu sur le simple honnête homme.

Pour renouveler la face du monde, rien de plus expéditif que de le déshonorer; on sème l'immoralité à pleines mains. Des femmes publicistes s'y prêtent : au commencement de 1903, on pouvait lire dans *La Fronde*, féministe, amie du ministère : « Ce qu'on appelle vertu est irrémé-« diablement stérile, la science, l'histoire, les arts le pro-« clament!

« Il est impossible à une jeune fille, aussi bien équili-« brée physiquement et moralement qu'on le suppose, « d'arriver jamais à réaliser ce dont elle est capable, tant « que dure sa virginité, parce que cette virginité forcée « ou voulue la met en état d'infériorité vis-à-vis ses « sœurs les femmes ». Donc, pour arriver plus sûrement la jeune fille doit d'abord jeter son bonnet par dessus les moulins!

L'an passé, à une distribution de prix des fillettes de la laïque, celui qui présidait la fête s'est applaudi de l'irréligion à l'école, en avançant que la dévotion développe à l'excès la sensibilité des enfants, et les prédispose à ces troubles nerveux, si fréquents à notre époque! Mais la piété et la foi sont les plus belles vertus de l'enfance; et comme toute vertu, elles sont des forces nécessaires au parfait équilibre de ses facultés morales. Comment voudrait-on que ce qui naturellement fortifie, finisse par énerver et détraquer de jeunes têtes? Qu'on observe autour de soi, comme dans les maisons de santé, et l'on verra que les névropates, les hystériques et les folles se rencontrent bien plus en dehors de la religion que dedans. Et même sans la Foi, l'héroïsme est bien rare.

On veut la morale sans Dieu. La morale scientifique, a dit en 1903 un savant professeur de Paris, le docteur Metchnikoff, doit reposer sur la base des instincts naturels (de ses appétits de brute!) Cela se comprend, car, ajoute-t-il, « l'homme est issu d'une souche simienne; il est le cousin, le parent *arrivé* d'un genre de singes anthropomorphes actuels, les chimpanzés », etc. Donc... il doit lui ressembler au moral. Et cela s'enseigne officiellement dans « la ville des lumières »! Tout de même, il ignore le pithecanthrope, quelle lacune!

Aujourd'hui le savant, professeur ou écrivain lancé, en vogue, se croit permises toutes les hardiesses. Il n'y a pas de bourdes qu'il ne soit tenté de nous servir comme le fruit de ses graves méditations. Vous n'en voulez pas? Vous n'êtes qu'un ignare. Pour supprimer le Créateur de l'homme, le plus court chemin est d'avilir l'origine humaine. A force de lui trombonner que nous sommes des singes *arrivés*, nos *grosses légumes* scientistes sont bien capables de le faire accroire au pauvre monde!

Mais nos savants sont, eux aussi, des singes *arrivés*? Ne le pensez pas; ils appartiennent, bien sûr, à cette espèce rare de *têtards d'archanges*, comme se désignait modestement Victor Hugo sur son lit de mort (*Petit Moniteur,* 1885), ou à celle des surhommes de Tolstoï ou de Nietzsche, lumières du monde.

Nos savants ne sont pas des aristos vulgaires.

Mais il y a plus : on s'acharne à nous doter d'une origine purement bestiale; d'un autre côté, certains naturalistes trouvent chez quelques animaux une intelligence étendue et pénétrante. Puisque pour ces Messieurs l'humain et la brute ont la même noblesse originelle, le premier n'a qu'à bien veiller à se pas être rejoint ou dépassé par la bête! — Dernièrement, on lisait dans un journal qu'un naturaliste d'outre-mer, grand prôneur des penseurs à quatre pattes, apprend à son chien à parler anglais, comme nous formons les muets à parler; et il fait des progrès notables, prétend-il. — A force de ravaler l'homme et d'exalter la bête, le pseudo-savant s'accule peu à peu à douer son semblable et Médor des mêmes facultés, partant des mêmes droits! Qu'il prêche donc aux deux la même notion du devoir; car, songez-donc, la loi Grammont, très sévère pour nous, est muette sur les devoirs des bêtes! — O charlatanisme scientifique!

Voilà où mène la science athée. Cette nouvelle doctrine, que l'on salue de sagesse transcendante, est une sagesse de mensonge, une doctrine de corruption et de mort.

De corruption, il y a du temps que Henri de Kleist, romancier allemand, écrivait de Paris : Oh! je ne puis te décrire l'impression que fit sur moi cette suprême immoralité dans le grand monde de la science! — Plus tard, Kleist s'est tué.

Espérons toutefois que la besogne de ces faux savants demeurera vaine, car ce serait à désespérer de son pays, « ils se heurtent au sentiment inconscient de l'humanité « tout entière; il n'est pas plus en leur puissance de la « priver de son suprême espoir que de détruire l'amour « des mères et le parfum des fleurs! »

« En vérité, a dit Pascal, il est glorieux pour la Reli-

« gion d'avoir pour ennemis des hommes si déraison-
« nables ».

Qu'ils méditent cette parole de Louis Blanc (*Histoire de 10 ans*, tome II, chapitre VIII) : « Tout ce qu'on retranche « dans l'État à la souveraineté de Dieu, on l'ajoute à la « souveraineté du bourreau ». On dirait aujourd'hui à la souveraineté des Apaches.

Sous Louis-Philippe, l'enseignement officiel supérieur n'était pas tendre pour le catholicisme, surtout pour ses dogmes. La lutte était vive et incessante. Et pourtant lisez ces aveux du professeur le plus célèbre du temps, que j'ai cité en débutant, sans pouvoir l'approuver.

Jeunes gens, disait M. Cousin, n'écoutez pas ces esprits superficiels qui se donnent comme de profonds penseurs, parce qu'après Voltaire ils ont découvert des difficultés dans le Christianisme. Mesurez vos progrès en philosphie par ceux de la tendre vénération que vous ressentirez pour la religion de l'Évangile.

Et dans son livre : *Du vrai, du bien, du beau*, 16e leçon, il disait : la philosophie applaudit avec effusion au réveil du sentiment religieux et chrétien, dans toutes les âmes d'élite, après les ravages qu'a faits de toutes parts, depuis plus d'un siècle, une triste et fausse philosophie.

Pourquoi faut-il que cet homme éminent soit mort subitement sans se convertir, janvier 1867, en sa villa des Anges, à Cannes? On le regrette amèrement, quand on lit sa dernière correspondance épistolaire avec son grand et parfait ami, Mgr Rivet, évêque de Dijon.

En France, c'est la première fois que les hommes de désordre, de haut en bas, font toute la force d'un gouvernement régulier, ce qui l'oblige à pressurer l'immense majorité des honnêtes gens. On veut que la rage de destruction et cette haine bestiale contre le catholicisme fassent bon ménage avec l'ordre et la liberté.

La liberté, nos maîtres l'ont plein la bouche, ils nous promettent l'émancipation intellectuelle ! Il est vrai qu'ils ne trompent que ceux qui veulent bien être trompés ; mais, pour notre malheur, leurs dupes sont légion, ce qui assure la prolongation d'un régime qu'aucune nation civilisée ne tolérerait. Va-t-on dire encore que nous sommes le peuple le plus spirituel de la terre, quand corruptions, violentes tyrannies, délations incessantes n'éveillent presque plus en nous que de platoniques protestations ?

Depuis cent dix ans, nous sommes passés par plusieurs périodes révolutionnaires; et pourtant les gouvernements d'alors ont inscrit dans leurs constitutions certaines libertés religieuses, surtout celle de l'enseignement.

Sous la Première République (1795), la Constitution de l'an III, faite en majorité par des régicides, portait en son article 300 : les citoyens ont le droit de former des établissements particuliers d'éducation et d'instruction, ainsi que des Sociétés libres pour concourir au progrès des sciences, des lettres et des arts.

L'émeute victorieuse de 1830 proclama la liberté d'enseignement.

Et en 1848, tout en retenant la surveillance de l'État, la Constituante met dans sa loi fondamentale ces mots courts et simples : l'enseignement est libre.

Vint enfin la loi Falloux de 1850, qu'on nous enlève, toute mutilée déjà, après 53 ans, pour nous asservir sous le règne de l'arbitraire, de la fausse science intransigeante, et d'un mandarinat le plus arriéré et le plus abject que l'histoire ait eu à enregistrer.

Voilà le progrès dans la liberté !

Définition opportune des termes : *libre-pensée, asservissement.*

On ne définit jamais assez.

Le ministère Combes combat à outrance l'enseignement des catholiques et l'Église, sous le prétexte étrange et faux de « défendre la pensée éclairée contre la croyance « aveugle, la libre-pensée contre l'asservissement intel- « lectuel ». Discours de M. Combes, 22 octobre 1903.

Qu'est-ce que la libre-pensée ?

On est libre-penseur par bravade, c'est un genre. Plus d'un croit plus qu'il ne l'avoue. J'en sais plus d'un tellement superstitieux, qu'il ne faudrait pas l'inviter à sa table, lui treizième. C'est *surtout* aux tables de jeu, cet autre fléau moderne, que la superstition bat son plein.

A propos du jeu, du « Globe » mai 1904 : les administrateurs de la Société de Monaco, émus de la publicité donnée aux *nombreux suicides* qui se commettent autour de leur maison, vont interdire sévèrement de les publier aux journaux qui bénéficient de cet établissement. — Quel bouge homicide !

Cueilli *passim :*

La libre-pensée serait la faculté de penser qu'une chose est ou n'est pas, qu'elle est blanche ou noire, etc. Mais est-ce possible ?

L'intelligence est l'œil de l'âme ; elle voit dans son domaine, comme l'œil de chair voit dans le sien. Malheureusement on arrive à réduire à un état maladif le regard de son âme, comme celui de ses yeux. Mais après ?

Cette prétendue liberté de penser ne peut exister nulle part, pas plus qu'il ne vous est loisible de voir un homme là où il y a un arbre, de voir carrée une table ronde.

Dans les sciences exactes tout *s'impose* nécessairement. Êtes-vous libre de penser que deux unités jointes à deux unités donnent un total de trois ou de cinq ?

En astronomie osez penser que le soleil n'existe pas ou n'éclaire pas ? Il vous en cuirait. M. le Géographe, êtes-vous libre de penser que Pékin est en France ?

Et en histoire, les événements et les personnages célèbres ne s'imposent-ils pas à votre pensée ? Êtes-vous libre de nier le règne de Napoléon? Là où est votre liberté de penser? Et pourtant a-t-il rempli le monde de son nom autant que l'a fait le Bon Dieu que vous reniez?

Celui qui dit : je pense librement, je suis libre-penseur, se trompe, il n'est qu'un ignorant dans l'art de penser (1).

La libre-pensée est la négation des vérités qui gênent, ou des lois qui contrarient nos instincts. C'est en foulant aux pieds la raison et la tradition universelles que la libre-pensée dit : Dieu n'existe pas. Cette négation prend sa source non dans la vue intellectuelle mais dans la volonté révoltée.

S'il est un *tyran* des intelligences, inexorable autant que bienfaisant, c'est la vérité.

Lâchons le mot : le libre-penseur n'est au fond qu'un libre-viveur !

Du reste ces faux penseurs n'ont qu'un but : imposer leurs pensées aux autres par tous les moyens possibles. Ces gens sont des croyants à rebours, que l'étroitesse d'esprit transforme en sectaires avides d'oppressions et de tyrannies.

La libre-pensée, c'est la négation de tout droit, de toute morale ; c'est une libération voulue des lumières

(1) Là, pas de confusion possible :

Philosophiquement, c'est-à-dire en toute vérité, vous n'avez pas le *droit* de penser ou juger noir ce qui est blanc ; mais l'homme n'a nul droit de vous forcer à penser blanc ou noir. Si vous vous trompez, ou voulez être trompé, vous en assumez toute la responsabilité, sans que personne ne soit en droit de vous faire changer d'avis. Soit dit pour l'homme fait.

C'est la liberté civile que nos adversaires s'efforcent de nous retirer en partie. Mais la liberté vraie, entière, a pour *luminaire* indispensable la justice et la vérité.

*D'un autre côté, toute doctrine religieuse ou autre tombe en oubli, si elle n'est pas défendue ; celui ou ceux qui la représentent doivent pouvoir la défendre en* toute liberté, *non par la force brutale comme font nos maîtres du jour, mais par les moyens moraux dont ils disposent.*

naturelles de l'esprit et de la conscience, pour pouvoir marcher le front haut, avec une quiétude parfaite, en politique et en morale, dans le chemin de la honte et de l'improbité. Ce genre de liberté hors de la vérité n'est qu'un leurre et un mensonge. « Au nom de cette liberté « de pensée on a trop souvent propagé autant de faus- « setés qu'au nom de l'erreur, imposé autant d'oppres- « sions qu'au nom de la tyrannie, commis autant « d'injustices et de crimes qu'au nom de la loi ! »

Ce portrait du libre-penseur, peu flatté mais vrai, est celui de l'occulte congrégation maçonne non autorisée, dont la ferblanterie résonne en ce jour aux quatre coins de la France, comme le tocsin d'un immence incendie. — Elle se prétend maîtresse absolue, cela la perdra.

Conclusion : la libre-pensée érigée en principe, est donc la plus imprudente bourde qui soit émanée d'hommes d'esprit.

Vous ne savez pas à quel degré de démoralisation est déjà descendu le monde intellectuel des jeunes, dans nos grandes écoles de Paris par exemple, de ces grands enfants qui n'admettent plus qu'une croyance : « la foi révolutionnaire » d'un Élisée Reclus entr'autres. C'est bien là le commencement de la fin sociale. En voulez-vous un échantillon ? Je copie :

L'homme *régénéré* si bien pénétré de la justice que toute législation sera inutile ;

L'esprit, affranchi par la *science* et par la suppression de l'autorité des dogmes ;

La misère détruite par la suppression de la propriété ;

La Solidarité universelle substituée à l'*égoïsme* étroit de la patrie ;

Les *vilenies* du *trafic matrimonial* remplacées par la *sincérité* de l'union libre ;

L'Église est menteuse, et le code civil criminel ;

Agir comme on pense est toujours bien, et rend le remords impossible, etc.

Un jovial et ironique romancier, Anatole France, se fait le tombeur des *préjugés* du vieil édifice social, et prend à tâche d'inculquer cette nouvelle foi à ses jeunes lecteurs enthousiastes (1).

Mais revenons au discours de M. Combes : *Asservissement intellectuel; croyance aveugle.*

Asservissement : un état de servitude, un esclavage, la perte de l'indépendance nationale, d'après le dictionnaire de Littré.

A qui fera-t-on entendre que, religieusement comme socialement parlant, les catholiques croupissent dans un état de servitude, quand l'Évangile a apporté la liberté sur la terre, quand en ce monde il y a encore de peuples libres que les chrétiens ou les fils de chrétiens? — Abolir le règne de Dieu pour dégager l'homme de la servitude, c'est bon pour rendre libre l'homme des bois. — Pour nous : Celui qui ne relève que de Dieu et de sa conscience est le seul homme libre.

En pays libre, cette haute question de croyance religieuse dépasse de beaucoup l'ingérence gouvernementale. Le ministère ne trompe personne, quand il se vante de défendre la libre-pensée contre la « croyance aveugle », contre le prétendu « asservissement des esprits » à la religion, puisqu'il laisse en paix et même soutient le protestantisme des diverses confessions : l'Islamisme en Afrique et aux Indes; le Boudhisme aux colonies.

Toute sa rage de persécution, il la tourne contre le Catholicisme, c'est-à-dire contre la Lumière évangélique dans toute sa pureté.

Mais songe-t-il sérieusement à imposer une doctrine, lui qui se demande comme Pilate : *Quid est veritas*, qu'est

(1) M. An. France ne sait donc pas que son grand maître, Aug. Comte, a dit, au tome V^e de son *Cours de philosophie positive* : « Il n'y a rien à faire dans l'État social qu'à consolider « *l'indissolubilité* fondamentale du mariage. »

la vérité? Son objectif semble se borner à se maintenir au pouvoir, en flattant, par ses violences dignes d'un Julien l'Apostat, les passions d'une majorité de malfaiteurs.

Et puis cette prétendue « croyance aveugle », la foi du charbonnier, mais elle serait d'autant plus respectable qu'elle ferait du moins la consolation des déshérités de ce monde, de tout croyant qui manque d'un degré suffisant d'instruction pour raisonner sa foi. — Se dire effrontément l'ami du peuple, des humbles, et lui retirer, de par la loi, cette croyance sainte qui le relève et le réconforte dans sa lutte pour la vie, scélératesse et hypocrisie.

On fait sonner bien haut que nos enfants ne nous appartiennent pas, qu'ils sont la chose de l'État! — Mais à Sparte on raisonnait de même il y a 2.400 ans; voilà le progrès. Et ils nous appellent des rétrogrades?

Le Gouvernement étonne et indigne le monde attentif, en s'efforçant de détruire le catholicisme que protègent ou respectent tous les états chrétiens; en proscrivant même le saint nom de Dieu, que tous les peuples de la terre, sans exception, adorent dans leurs religions diverses. Ce crime est un fait unique dans l'histoire de l'humanité.

Et le motif de ces longues violences renouvelées des pires époques de notre histoire? C'est pour sauver la République! — Il y aurait là de belles pages à tracer; mais la politique n'est pas mon fort.

Pour moi, la préservation de l'État n'est possible que dans le *désintéressement.*

Que nos gouvernants soient *mal payés*, et le pays sera sauvé. — Que son président ne touche que 15.000 à 20.000 francs, comme dans la très prospère République des États Unis, au lieu de 1.200.000 francs, comme chez nous, plus ses frais de déplacement; et ses ministres, de 8.000 à 10.000 francs au lieu de 60.000 francs, plus leurs frais de voyage qui coûtent autant; et nous serons administrés par des hommes indépendants, dignes et désintéressés dans les postes qu'ils occupent. Il faudrait qu'un ministre ne fût pas plus rivé à son poste que Jeanneton à son tablier! Autrement nous n'aurons à notre tête, le plus souvent, que des personnages besogneux, liés à leurs portefeuilles trop lucratifs, qu'ils défendront *per fas et néfas*, par une foule de moyens parfois inavouables. Ils obéiront à un parti, au lieu de gouverner en toute liberté et conscience. Ce sera l'anarchie. L'honnêteté, le respect égal des droits de tous et le dévouement absolu à la chose publique ne sont faciles qu'à ceux qui n'ont pas de très grands intérêts *personnels* à sauvegarder.

Le patriotisme seul et l'amour de la gloire devraient seuls inspirer les maîtres de la France.

Voilà la solution. Mais c'est prêcher dans le désert.

Dans le désert? Oui, car jamais nos gouvernants ne se sont montrés plus autocrates ni plus aristocrates que de notre temps : il leur faut beaucoup d'or, un grand éclat et ces innombrables décorations qui mettent en gaîté le monde démocratique. Ce sont des ploutocrates!

Depuis des années, trois cents « blocards » affairés et trembleurs, piétinent une nation chrétienne de 39 millions d'habitants; et dans leurs rangs, pas une intelligence hors ligne, c'est la médiocrité déshonnête. Quelle dérision!

Et puis une haine féroce contre l'Église n'est-elle pas toute simple chez la plupart de ces meneurs jouisseurs? — Quand le cœur humain sera fermé à toute morale surnaturelle, ils n'auront plus à rougir de leur propre corruption. En cela ils font tout aussi fort que ce tas de miséreux qui, sans courage pour s'assurer dans l'ordre et le travail une aisance relative, veulent tout saccager chez ceux qui possèdent.

Pour ces gaillards, le Bon Dieu c'est la réaction et le despotisme. A son culte ils entendent suppléer le culte de l'humanité et de la raison. Pour détacher l'homme de son Créateur leurs savants lui offrent une religion dérisoire et stupide.

Déjà, le 10 novembre 1793, quand la Révolution sévissait en plein, que les Sans-culottes mettaient en pièces, emblèmes religieux, images des saints, croix comme aujourd'hui, profanaient les tombeaux, que la guillotine était en permanence, les maîtres du jour inauguraient, sur l'autel de Notre-Dame de Paris, le culte de la déesse Raison.

Hé bien, presque jour pour jour, le 8 novembre 1893, un monument de l'État, le Trocadéro, a été le théâtre de la même bouffonnerie. Sous le prétexte de défendre les droits de la raison, et qui la menace, mon Dieu ! on a de nouveau acclamé sans rire, dans une réunion très solennelle, ce même culte de la Raison. Là, qui pontifiait, qui présidait cette fête grotesque? Un vieillard « illustré par la science », l'ineffable Berthelot, ancien ministre des Affaires étrangères, membre de l'Académie, sénateur, etc. avec pour assesseurs Charbonnel, prêtre catholique, et Buisson, député, ancien directeur de l'enseignement primaire !

Auguste Comte avait fondé la « religion naturelle » ils ont inauguré la religion de la déraison contre le catholicisme condamné. — Ainsi donc, religion contre religion, foi contre foi. Il faut une religion au peuple ! Le Bon Dieu est fini, qu'il adore le prince de l'orgueil, Satan !

Et si encore c'était tout ?

Cette religion scientiste n'est qu'une fantaisie impie de poseurs ; mais une autre religion, également moderne, est un fléau social. Le besoin d'émotions violentes tourmente notre génération et la tue ; le spiritisme fait des progrès énormes : en Angleterre, à Paris, à Lyon, à Charleroi, à Washington, au Canada, un peu partout, on crée des temples aux esprits (infernaux ?), où l'on subit la contagion aveuglante des médiums à incarnation, des médiums écrivains, des extatiques. On prie, on chante des cantiques, on évoque les morts, on célèbre des fêtes spirites déséquilibrantes, on échange ses pensées sur la vie future. On fonde des églises pour mariages, baptêmes, enterrements, pour l'ordination des clergymen, etc. Bref, « on prétend assister à la naissance d'un mouvement religieux appelé à de grandes destinées ».

Les spirites se comptent par millions. Dans leurs publications multiples ils se montrent animés d'un sentiment de haine et de colère contre l'enseignement catholique, au point d'aveugler la raison : mensonges, calomnies, affirmations ignorantes autant qu'audacieuses... et toujours au nom de la *science !*

Dernièrement on demandait au président du Conseil des Ministres de rendre obligatoire l'enseignement du spiritisme dans nos lycées, « pour résoudre enfin le pro-« blème de la destinée humaine et donner une orienta-« tion aux esprits ». (Léon Denis.)

On voudrait introduire la folie dans les collèges; n'avons-nous pas déjà assez de fléaux qui ravagent le cerveau de nos enfants?

C'est trop abuser de la patience du « bienveillant » lecteur, comme dit l'allemand. Mon grand respect, mon profond amour pour les enfants et pour la « douce » France, me le feront pardonner.

Qui ignore que, sous l'égide d'une religion sainte, l'enfant devient bon et veut le bien, mais qu'il devient injuste et féroce abandonné, entretenu dans ses instincts terre à terre?

Dans une lettre de Taine à Guizot, il est dit : la zoologie nous montre que l'homme a des canines; prenons garde de réveiller en lui l'instinct carnassier et féroce !

On se rappelle cette boutade de Napoléon souvent répétée : Un peuple sans Dieu est un peuple qu'on mitraille !

Son grand ministre Portalis, à la fin du Consulat, 1804, lui écrivait dans son rapport célèbre sur l'enseignement : il faut prendre la religion pour base de l'éducation ; les enfants sont actuellement sans idée de la Divinité, sans notion du juste et de l'injuste ; et on ne peut s'empêcher de gémir sur le sort qui menace les générations présentes et futures. Aussi *toute* la France appelle la Religion au secours de la morale et de la Société.

A New-York, parlant devant des jeunes gens, décembre 1900, le président des États-Unis, M. Roosevelt, disait : Malheur à nous comme nation, si jamais nous suivons la direction des hommes qui cherchent non pas à étouffer mais à enflammer les instincts de bête fauve du cœur humain.

L'horizon est bien sombre, le mal s'accroît sans cesse, faut-il dire : rien à faire ?

« Après tout, a dit M. Baudrillard, quand on se sent « le champion de ces trois nobles dames : la Religion, la « Liberté et la vraie Science, on ne se laisse pas désar- « mer tant qu'on n'est pas frappé à mort. Forts de leur « dévouement à la France qu'ils ont à toute époque « chérie et dont ils ont été les meilleurs et les plus vrais « amis, les catholiques peuvent s'attendre à tout, mais « ils n'ont peur de rien. »

Nous ne nous résignons qu'à trop de sacrifices humiliants pour une paix qu'on nous refuse toujours. Que les libres-penseurs perdent leurs enfants, c'est un grand malheur que nous ne pouvons leur éviter ; mais nous, consentir à l'abandon des nôtres, de leur direction intellectuelle, morale et religieuse, jamais ! Ce crime ne se rencontre en aucun pays libre. Là une résistance sans fin est le plus sacré des devoirs, et le bulletin de vote notre suprême ressource, après Dieu !

Une dernière citation typique :

A l'Académie française, le rapport de M. Thureau-Dangin sur les prix de vertu, novembre 1903, a été, dans ses conclusions, une protestation éloquente contre la persécution religieuse.

Les récompenses ont été accordées à 22 mariés ou veufs et à 75 célibataires, à 81 femmes et à 10 hommes et 6 ménages. « Et, ajoute le rapporteur, nous avons « conscience d'avoir été plutôt moins difficiles pour les « hommes. — De là une loi morale d'après laquelle la « renonciation au mariage est le plus souvent la condi- « tion et la conséquence d'une vie entièrement sacrifiée « au service du prochain. » — Dans le célibat se rencontre le plus souvent le plus haut degré de dévouement. M. Thureau-Dangin reconnait que la plupart des femmes lauréats ont la foi religieuse ; qu'il est certain « qu'en « faisant le bien elles espèrent le Paradis ; qu'elles « sont poussées au bien par le mobile religieux, jamais « par un mobile contraire. — Avis à ceux qui veulent « aujourd'hui trouver dans le vœu de chasteté une « cause légale d'incapacité et d'indignité. » — « Dans la « généralité et surtout dans ce monde des simples, des « humbles, où se recrutent les candidats au prix Mon « thyon, dans le peuple de nos villes et de nos campagnes, « la foi est la source habituelle et presque unique de ces « grandes vertus, de ces dévouements extraordinaires. « — A-t on moyen de remplacer cet héroïsme nécessaire « (de la vie religieuse à tous les degrés) au milieu de « tant de vices et de crimes, de tant d'existences mé- « diocres, plates, ordinaires, égoïstement confortables ou « ambitieuses ? — Et pourtant il n'y a là aucune *mani- « gance cléricale*, car la plupart des candidatures propo- « sées nous arrivent par l'intermédiaire et avec l'avis « favorable des Préfets ! »

*Et nunc erudimini*, méditez, Messieurs les Chambardeurs de la foi et de la vie religieuse !

*N.-B.* — On s'est bien gardé de laisser insérer au *Journal Officiel* le rapport de M. Thureau-Dangin, malgré l'usage. Cette injure l'honore.

Verrons-nous s'accomplir jusqu'au bout le terrible *secret* de la Salette, septembre 1846, dont bon nombre d'événements prédits sont déjà réalisés et dont la publication a suscité tant de colères, même dans le clergé? Quoi qu'il en soit, cette prophétie, la plus importante du siècle écoulé, acceptée par des hommes éminents, rejetée par un grand nombre, a causé une telle émotion dans le monde, qu'elle a été reproduite et discutée dans plus de 80 brochures !

Sans doute, une prophétie n'est bien *prouvée* que par son accomplissement entier, et ce n'est pas encore le cas pour celle-ci. Encore que les faits annoncés dans une prophétie se passent parfois autrement qu'on ne s'y attendait, ce qui en fait contester l'exactitude. En tout cas, cette année 1904, comme toujours, Mélanie, la vieille et très respectée Voyante, croit imperturbablement à cette redoutable révélation dans ses lettres; je viens d'en lire de reproduites. Dans le secret il est dit qu'après tant d'épreuves et de désastres, nous aurions la paix religieuse, etc.

Après examen, il est aujourd'hui difficile de ne pas y croire, même à la persécution religieuse avec effusion de sang et à la fermeture d'églises annoncées.

On sait que le *secret* a été remis dès le commencement à Sa Sainteté Pie IX.

Or, personne n'ignore que, dans bien des réceptions de Français, Pie IX et Léon XIII ont déclaré que les épreuves de la France catholique n'auraient qu'un temps, qu'elle recouvrerait sa liberté, etc.

Et dernièrement, le 12 avril, dans une réception intime accordée au docteur Boissarie, bien connu, et à sa famille, dont deux docteurs-médecins, Pie X, assis simplement à son bureau de travail, a fait asseoir ces personnes en face de lui et a terminé une allocution émouvante par ces paroles :

« La France ne peut pas périr, sa rédemption arrivera « peut-être beaucoup plus tôt qu'on ne saurait le croire. »

En parlant ainsi, la voix de Pie X devenait plus forte et son regard semblait pénétrer dans les replis les plus cachés de l'avenir.

(Récit écrit pour la *Semaine religieuse* de Châlons, par l'abbé Boissarie, fils du docteur).

Libre à chacun de les apprécier à sa façon; mais à ceux qui ont connaissance du secret, il est impossible de prendre pour de *simples vœux* ces *voix* de Rome si graves, si précises et souvent entendues.

E. RIBOURG.

*Chemillé, 1904.*

---

Angers, imp. Germain et G. Grassin. — 2068-4

www.ingramcontent.com/pod-product-compliance
Lightning Source LLC
LaVergne TN
LVHW020404230826
846091LV00003B/1142

* 9 7 8 2 0 1 6 1 6 0 0 5 3 *